精神的力量

学而时习工作室　编著

中国文联出版社

图书在版编目（CIP）数据

精神的力量：46种精神引领百年大党之路 / 学而时习工作室编著. -- 北京：中国文联出版社，2023.12（2024.6重印）
ISBN 978-7-5190-5368-0

Ⅰ. ①精… Ⅱ. ①学… Ⅲ. ①中国共产党－思想政治教育－学习参考资料 Ⅳ. ① D261.42

中国国家版本馆 CIP 数据核字 (2023) 第 209483 号

编　　著	学而时习工作室				
责任编辑	冯　巍				
责任校对	胡世勋　赵小慧				
装帧设计	贾闪闪				

出版发行	中国文联出版社有限公司				
社　　址	北京市朝阳区农展馆南里 10 号		邮编	100125	
电　　话	010-85923025（发行部）		010-85923091（总编室）		
经　　销	全国新华书店等				
印　　刷	廊坊佰利得印刷有限公司				

开　　本	880 毫米 × 1230 毫米　1/32		
印　　张	11.25		
字　　数	279 千字		
版　　次	2023 年 12 月第 1 版第 1 次印刷	2024 年 6 月第 2 次印刷	
定　　价	68.00 元		

版权所有·侵权必究
如有印装质量问题，请与本社发行部联系调换

目 录

1
建党精神
"中国共产党的精神之源"
001

2
井冈山精神
"铸就了中国共产党的伟大革命精神"
009

3
苏区精神
"中国共产党人政治本色和精神特质的集中体现"
019

4
长征精神
"革命理想高于天"
025

5
遵义会议精神
"坚持真理、修正错误"
031

6
延安精神
"培育了一代代中国共产党人"
037

7
抗战精神
"血肉筑就钢铁长城"
045

8
红岩精神
"一片丹心向阳开"
053

9
西柏坡精神
"牢记'两个务必'"
061

10
照金精神
"革命火种照新生"
069

11
东北抗联精神
"白山黑水铸英魂"
075

12
南泥湾精神
"自己动手、丰衣足食"
081

13
太行精神（吕梁精神）
"浩气传千古"
087

14
大别山精神
"革命的红旗永不倒"
093

15
沂蒙精神
"生死与共鱼水情"
101

16
老区精神
"革命胜利的力量之源"
107

17
张思德精神
"为人民服务"
117

18
抗美援朝精神
"以'钢少气多'力克'钢多气少'"
123

19
"两弹一星"精神
"干惊天动地事，做隐姓埋名人"
131

20
雷锋精神
"把有限的生命投入到无限的为人民服务之中去"
139

21
焦裕禄精神
"生也沙丘，死也沙丘，父老生死系"
147

22
大庆精神（铁人精神）
"石油工人一声吼，地球也要抖三抖"
155

23
红旗渠精神
"誓把山河重安排"
163

24
北大荒精神
"居功至伟垦荒人"
173

25
塞罕坝精神
"荒原变林海的人间奇迹"
181

26
"两路"精神
"世界屋脊的英雄赞歌"
187

27
老西藏精神（孔繁森精神）
"雪域高原铸丰碑"
195

28
西迁精神
"到祖国最需要的地方建功立业"
203

29
王杰精神
"一不怕苦、二不怕死"
209

30
改革开放精神
"当代中国人民最鲜明的精神标识"
217

31
特区精神
"勇当新时代的'拓荒牛'"
225

32
抗洪精神
"洪水无情人有情"
233

33
抗击"非典"精神
"历史不会忘记，人民不会忘记"
241

34
抗震救灾精神
"地动山摇摇不散中华魂魄"
249

35
载人航天精神
"星空浩瀚无比,探索永无止境"
257

36
劳模精神(劳动精神、工匠精神)
"劳动是一切幸福的源泉"
265

37
青藏铁路精神
"挑战极限、勇创一流"
271

38
女排精神
"为中华崛起而拼搏的时代最强音"
279

39
脱贫攻坚精神
"彪炳史册的人间奇迹"
285

40
抗疫精神
"人类同疾病斗争史上又一个英勇壮举"
293

41 "三牛"精神
"不用扬鞭自奋蹄"
301

42 科学家精神
"愿将此身长报国"
309

43 企业家精神
"胸怀家国、担当作为"
315

44 探月精神
"敢上九天揽月"
323

45 新时代北斗精神
"为时空定位、为梦想导航"
331

46 丝路精神
"人类文明的宝贵遗产"
339

建党精神

> "中国共产党的精神之源"

"一百年前，中国共产党的先驱们创建了中国共产党，形成了坚持真理、坚守理想，践行初心、担当使命，不怕牺牲、英勇斗争，对党忠诚、不负人民的伟大建党精神，这是中国共产党的精神之源。"

在庆祝中国共产党成立100周年大会上的重要讲话中，习近平总书记首次提出并深刻阐释了伟大建党精神，要求全党继续弘扬光荣传统、赓续红色血脉，永远把伟大建党精神继承下去、发扬光大！

中国共产党第一次全国代表大会宣告了中国共产党的正式成立。大会通过的中国共产党第一个纲领，是中国共产党成立的标志性文件。

★ 左图：1956年苏共中央移交给中共中央的俄文版中国共产党第一个纲领
★ 右图：1960年在美国哥伦比亚大学东亚图书馆发现的英文版中国共产党第一个纲领

★ 中共一大纪念馆供图　　来源：《求是》2021年第19期

在党的二十大报告中，习近平总书记多次提到伟大建党精神，特别是在大会主题中鲜明宣示："高举中国特色社会主义伟大旗帜，全面贯彻新时代中国特色社会主义思想，弘扬伟大建党精神，自信自强、守正创新，踔厉奋发、勇毅前行，为全面建设社会主义现代化国家、全面推进中华民族伟大复兴而团结奋斗。"

2022年10月27日，党的二十大闭幕不到一周，习近平总书记带领新一届中央政治局常委专程前往陕西延安，瞻仰延安革命纪念地，重温革命战争时期党中央在延安的峥嵘岁月，缅怀老一辈革命家的丰功伟绩，宣示新一届中央领导集体赓续红色血脉、传承奋斗精神，在新的赶考之路上向历史和人民交出新的优异答卷的坚定信念。总书记强调，要弘扬伟大建党精

2021年4月5日，游客们慕名来到上海中共一大会址门前瞻仰拍照。
★ 求是图片 严大明/摄

神，弘扬延安精神，坚定历史自信，增强历史主动，发扬斗争精神，为实现党的二十大提出的目标任务而团结奋斗。

中国共产党从小到大、由弱到强的历史，也是一部淬炼升华、感天动地的精神锻造史。

"坚持真理、坚守理想，践行初心、担当使命，不怕牺牲、英勇斗争，对党忠诚、不负人民。"这32个字的伟大建党精神，与党的十八大以来习近平总书记关于党的历史、党的传统、党的精神的一系列重要论述一脉相承又有重大创新，既具有深厚的历史基础，又具有鲜明的时代特征，在党的百年历史上第一次鲜明标示出了党的革命精神源头。

"坚持真理、坚守理想"

坚定理想信念，坚守共产党人的精神追求，始终是共产党人安身立命的根本。没有马克思主义信仰，没有共产主义理想，就没有中国共产党。正是在经历了长时间的黑暗中的探索、在反复比较了各种主义和思潮之后，中国共产党的先驱们才自觉而坚定地选择了马克思主义作为自己的指导思想。找到了马克思主义，确立了共产主义远大理想，我们党就获得了政治灵魂，就拥有了能经受住任何考验的精神支柱。这100多年一路走来，不论条件多么艰苦，不论道路如何坎坷，我们党始终坚信马克思主义的科学性和真理性，坚信社会主义、共产主义的光明前景。千千万万共产党人为了党的事业，赴汤蹈火、万死不辞，支撑他们的就是这个信仰、这个理想。李大钊面对冰冷的绞刑架高呼"共产主义在中国必然得到光辉的胜利"，方志敏在生命最后时刻自豪写下"我们信仰的主义，乃是宇宙的真理"，夏明翰面对屠刀豪迈放言"砍头不要紧，只要主义真"，瞿秋白、萧楚女等先烈高唱《国际歌》步

在嘉兴南湖的一条小船上，中国共产党第一次全国代表大会胜利闭幕，庄严宣告了中国共产党的诞生。

★ 图为嘉兴南湖今貌
★ 浙江省委宣传部供图　来源：《求是》2021年第10期

入刑场……100多年来，一代又一代中国共产党人前仆后继，团结凝聚在马克思主义的旗帜下，用拼搏和奉献、热血和生命为伟大的信仰、崇高的理想不断注入新的时代内涵，铸就了我们党不朽的精神丰碑。

"践行初心、担当使命"

我们党的历史就是一部矢志践行初心使命的历史。中国共产党诞生于民族危亡之际，最懂得中华民族的渴望，中国共产党从人民中走来，深知人民的所思所盼。因此，中国共产党一经成立，就把"为中国人民谋幸福、为中华民族谋复兴"作为自己的初心和使命。100多年来，从石库门到天安门，从兴业路到复兴路，我们党所付出的一切努力、进行的一切斗争、作出的一切牺牲，都是为了实现这个初心和使命。穿越腥风血雨的革命岁月，历经热火朝天的建设年代，阔步激情澎湃的改革征程，走进波澜壮阔的新时代，我们党历经沧桑而初心不改、饱经风霜而本色依旧，一代代中国共产党人用行动践初心、以生命赴使命，团结带领人民战胜了一个又一个风险挑战，创造了一个又一个人间奇迹。不忘初心、牢记使命、永远奋斗，这是中国共产党作为百年大党历经百年而风华正茂、饱经磨难而生生不息，始终保持生机活力的源泉所在、奥秘所在！

"不怕牺牲、英勇斗争"

肩负人民重托和艰巨使命的中国共产党，要搬掉压在中国人民头上的"三座大山"、拯救中华民族于水深火热，注定要尝尽艰难困苦。只有将自身的生死置之度外，不怕牺牲，排除万难，才能赢得胜利。干革命是如此，搞建设、抓改革也同样如此。100多年来，一代又一代的中国共产党人不怕牺牲、英勇斗争，涌现出一大批视死如归的革命烈士、一大批顽强奋斗的英雄人物、一大批忘我奉献的先进模范。据不完全统计，从1921年至1949年，全国牺牲的有名可查的革命烈士就达370多万人，无名烈士更是难以计数。在新时代脱贫攻坚伟大斗争中，1800多名同志将生命定格在了这一特殊的战场上，其中绝大多数是共产党员。在应对各种困难挑战中，我们党锤炼了不畏强敌、不惧风险、敢于斗争、勇于胜利的风骨和品格，这是我们党锻造出的最为鲜明的特质和特点。这是世界上任何其他政党都无可比拟、无法企及的精神高度！

"对党忠诚、不负人民"

对党忠诚，是共产党人首要的政治品质。我们党一路走来，经历了无数艰险和磨难。任何困难都没能压垮我们，任何敌人都没能打倒我们，靠的就是千千万万党员的忠诚。刘启耀背金条乞讨、千辛万苦寻找党组织，杨靖宇满腹草根棉絮、孤身奋战到死不变节，江竹筠竹签钉十指、痛彻入骨不叛党，张富清60多年深藏功名、一心为党守本色……对党忠诚，融入了一代又一代中国共产党人的精神血脉，无论顺境逆境，都铁了心跟党走，九死而不悔。忠诚于党，在根本上是为了人民。100多年来，为了让人民过上好日子，我们党无论面临多大的挑战和压力，无论付出多大的牺牲和代价，都始终不渝、毫不动摇。中国人民今天的幸福生活响亮地证明：中

★ 图为中共一大纪念馆内的一大代表群体铜像（2021年6月23日摄）
★ 求是图片 刘建华/摄

国共产党没有辜负人民的选择，没有辜负人民的重托！

伟大建党精神犹如一块基石，支撑起党和人民事业发展进步的巍巍大厦；犹如一粒火种，点燃了雄关漫道上永不熄灭的精神火炬。100多年来，我们党弘扬伟大建党精神，在长期奋斗中铸就了一系列伟大精神，构建起中国共产党人的精神谱系。追根溯源，这些精神都是伟大建党精神在不同时期、不同地域、不同领域、不同人群中的具体展现，从不同方面体现了伟大建党精神的基本内涵和共性特征，体现了党的坚定信念、根本宗旨、优良作风，凝聚着中国共产党人艰苦奋斗、牺牲奉献、开拓进取的伟大品格，为立党、兴党、强党的伟大事业提供了丰厚滋养。

"历史川流不息，精神代代相传。我们要继续弘扬光荣传统、赓续红色血脉，永远把伟大建党精神继承下去、发扬光大！"我们要按照习近平总书记的要求，不断加深领悟、自觉实践笃行，从伟大建党精神这个根、这个源出发，继承革命传统、赓续红色血脉，弘扬中国共产党人的精神谱系，用精神之火、信念之光激励起奋勇前行的磅礴力量。

井冈山精神

> "铸就了中国共产党的伟大革命精神"

井冈山是"中国革命的摇篮"。

在风雨如磐、血雨腥风的岁月里,在中国革命危急的紧要关头,以毛泽东、朱德等同志为主要代表的中国共产党人将马克思主义基本原理与中国革命具体实际相结合,先后引兵井冈山,点燃了中国革命的星星之火,创建了第一个农村革命根据地,开辟了"农村包围城市,武装夺取政权"的革命道路,开启了中国革命走向胜利的光辉征程。

井冈山光辉的斗争实践,生动地诠释了"中国的红色政权为什么能够存在"。其所开辟的井冈山道路、孕育的井冈山精神,指引着中国革命一步步迈向成功,为我们党积累了宝贵的精神财富。

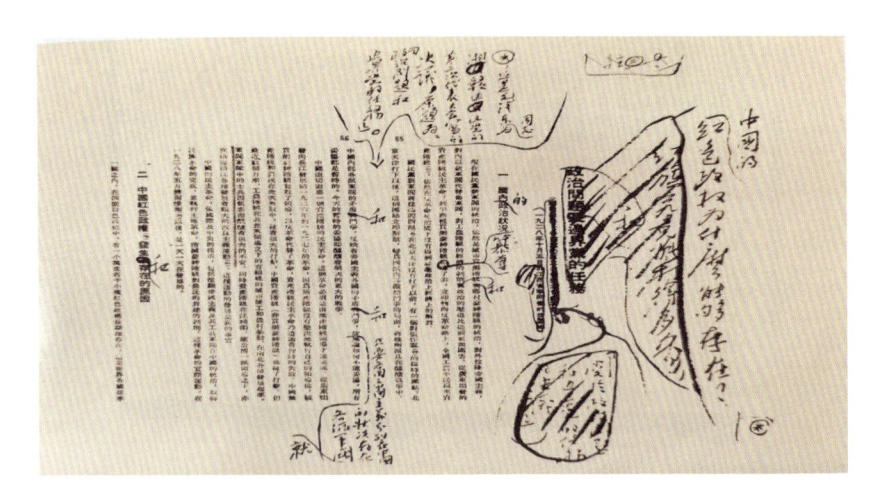

《中国的红色政权为什么能够存在?》一文是1928年10月5日毛泽东同志为湘赣边界党的第二次代表大会写的决议的一部分,原题为《政治问题和边界党的任务》。在这篇重要文章中,毛泽东同志提出在反动统治薄弱的农村积聚力量,实行工农武装割据,初步回答了中国革命的具体道路问题。

★ 图为毛泽东同志亲笔修改的《中国的红色政权为什么能够存在?》一文的复制件
★ 井冈山革命博物馆供图　来源:《求是》2021年第19期

\ 井冈山精神 / 011

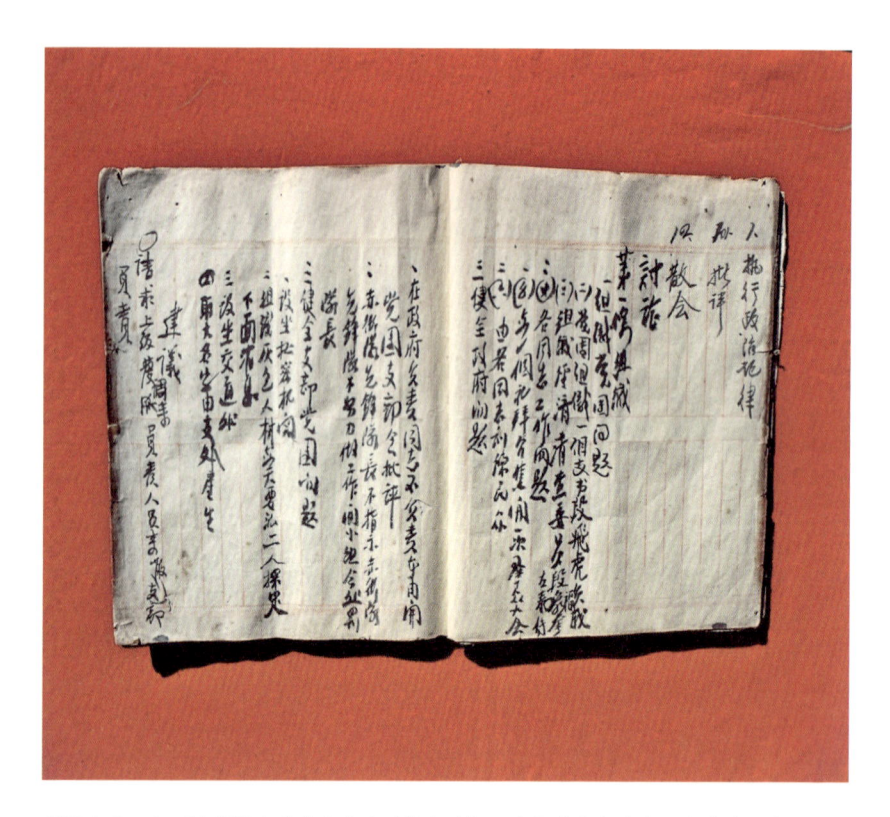

1928年秋,江西永新泥金乡党支部遭到敌人破坏,支部成员段瑞奎、段富奎兄弟把记录本秘密藏了起来。新中国成立后,这个记录本被文物部门征集,并被认定为国家一级革命文物。

★ 图为泥金乡党支部会议记录本原件
★ 井冈山革命博物馆供图　来源:《求是》2021年第19期

"井冈山是革命的山、战斗的山,也是英雄的山、光荣的山。"

党的十八大以来,习近平总书记在不同场合多次谈到井冈山精神,并对弘扬井冈山精神提出了明确要求。

2016年春节前夕,习近平总书记来到江西,看望慰问广大干部群众和驻赣部队,首站就是井冈山。习近平总书记指出:"井冈山斗争的伟大实践,对中国革命道路的探索和抉择、对中国共产党和人民军队成长具有关键意义。井冈山时期留给我们最为宝贵的财富,就是跨越时空的井冈山精神。"

2019年5月,习近平总书记再赴江西。在江西考察工作结束时的讲话中,习近平总书记指出,"井冈山精神和苏区精神,承载着中国共产党人的初心和使命,铸就了中国共产党的伟大革命精神。这些伟大革命精神跨越时空、永不过时,是砥砺我们不忘初心、牢记使命的不竭精神动力"。

2021年2月,习近平总书记在党史学习教育动员大会上提到以井冈山精神、长征精神等为代表的中国共产党人的精神谱系,并教育全党赓续共产党人精神血脉,始终保持革命者的大无畏奋斗精神,鼓起迈进新征程、奋进新时代的精气神。

"井冈山精神,最重要的方面就是坚定信念、艰苦奋斗,实事求是、敢闯新路,依靠群众、勇于胜利。"

习近平总书记深刻概括了井冈山精神的内涵,指出新时代弘扬井冈山精神,最重要的是坚持以下4个方面。

八角楼油灯下，毛泽东同志写下了《中国的红色政权为什么能够存在？》《井冈山的斗争》两篇光辉著作，提出了"工农武装割据"的思想。

★ 图为茅坪八角楼建筑一角
★ 井冈山市供图　来源：《求是》2019年第20期

坚定执着追理想

对马克思主义的坚定信仰，对社会主义和共产主义的坚定信念，是井冈山精神的灵魂，也是共产党人立身、处世、干事的精神支柱。井冈山时期，有近5万人牺牲，平均每天近60人献出生命，其中有名有姓被镌刻在纪念碑上的只有15744人……一片腥风血雨中，因为有着坚定的理想信念、不变的初心使命，真正的中国共产党人没有被吓倒，而是于黑暗中冲破迷雾，杀出了一条光明的新路。

新时代弘扬井冈山精神，就是要自觉把理想信念作为照亮前路的灯、把准航向的舵，把践行中国特色社会主义共同理想和坚定共产主义远大理想统一起来，补足精神之"钙"，筑牢信仰之基，挺起精神脊梁，不断增强做中国人的志气、骨气、底气，真正成为终身不悔、百折不挠的共产主义战士。

实事求是闯新路

实事求是、敢闯新路，是井冈山精神的核心。井冈山时期，毛泽东同志立足于中国革命现实，把马克思主义普遍真理同中国革命具体实践紧密结合，提出了"以农村为中心"的革命道路思想，提出和发展了"思想建党"、"党指挥枪"、"支部建在连上"、"官兵平等"等建党建军思想，在武装斗争、土地革命、根据地建设等方面进行了一系列成功实践。

"正入万山圈子里，一山放过一山拦。"新时代弘扬井冈山精神，就是要坚持马克思主义基本原理，牢牢立足于中国自身的历史、现实需要，积极借鉴人类文明发展的一切优秀成果，不断解放思想、开拓进取，但不能搞教条主义、作茧自缚，不能鹦鹉学舌、食洋不化。要以开阔的胸襟和眼界把握实际工作的特点和规律，善于用改革的思路和办法解决前进中的各种问题，不能因循守旧、畏葸不前，不能虎头蛇尾、半途而废。

艰苦奋斗攻难关

艰苦奋斗是中国共产党的政治本色和优良传统，也是井

井冈山是中国革命的摇篮。井冈山斗争的伟大实践,对中国革命道路的探索和抉择、对中国共产党和人民军队成长具有关键意义。

★ 图为秋天的井冈山
★ 江西省委宣传部供图　来源:《求是》2021年第10期

冈山精神的基石。当年,井冈山条件十分艰苦,国民党军队反复进攻并严密封锁,军民面临的处境极为困难。就是在这样的条件下,我们党领导人民不畏强敌、不畏艰难,开辟了第一个农村革命根据地,取得了多次反"进剿"、反"会剿"的胜利。

今天,我们不必靠"红米饭、南瓜汤"来维持生活,也无须"日着草鞋、夜打灯笼"开展工作,但我们党的光荣传统和优良作风永远不能丢。特别是面对国内外日益复杂的形势,我们一定要增强忧患意识,做好应对各种艰难困苦局面的准备,增强"时时放心不下"的责任感,逢事都想在前面、干在实处,努力在攻坚克难中赢得主动,关键时刻更要挺身而出、敢于豁出去,坚决顶起自己该顶的那片天。

茨坪是井冈山革命斗争时期的中心，红四军和湘赣边界特委等党政军机关都曾经在茨坪办公。如今，茨坪既是井冈山革命遗址最为集中的地方，也是井冈山风景名胜区的中心景区，山清水秀，四通八达。

★ 井冈山市供图　来源：《求是》2019年第20期

依靠群众求胜利

紧紧团结群众、依靠群众，是井冈山革命根据地创建和发展的重要法宝。当年，井冈山形成了鱼水相依、血肉相连的党群关系、军民关系。正是有了群众这"真正的铜墙铁壁"，党和红军才多次创造了以少胜多、以弱胜强的奇迹。

"群众路线在革命战争年代是胜利之本，在和平年代同样是胜利之本。"新时代弘扬井冈山精神，就是要增强宗旨意识，坚持把实现好、维护好、发展好最广大人民的根本利益作为开展一切工作的出发点和落脚点，把人民群众是否满意作为评价一切工作的根本标准，与人民群众有福同享、有难同当，有盐同咸、无盐同淡。要深入分析研究新形势下群众工作的特点和规律，注重运用新经验、探索新方法，努力提高宣传群众、组织群众、服务群众的能力和水平。

精神所在,就是血脉所在、力量所在。沿着先辈们的足迹,一代代共产党人接续奋斗,不断书写着新的英雄篇章。从决战脱贫攻坚到全面建成小康社会,无数党员干部组成扶贫团、驻村帮扶工作队,分赴井冈山一线"战场"。

如今的井冈山,已经从地处偏僻、山高路远,"人口不满两千,产谷不到万担",蝶变为"红色引领、绿色崛起"、全面建成小康社会的美丽山城,正在致力于打造成老区振兴示范和社会治理标杆。当年红军烈士们为之奋斗牺牲的愿景,在这里一步步变成现实。

新征程上,我们要结合新的时代条件继续弘扬井冈山精神,"不唱高调,不讲空话,实打实做",始终承载人民的重托、民族的希望,以永不懈怠的精神状态劈波斩浪、勇往直前!

苏区精神

"**中国共产党人政治本色和精神特质的集中体现**"

"苏区干部好作风，自带干粮去办公；日着草鞋干革命，夜走山路访贫农。"

　　这首名为《苏区干部好作风》的兴国山歌，从中央苏区时期一直流传至今。它不仅是苏区干部艰苦奋斗、真心实意为群众谋利益的真实写照，更表达了苏区人民对苏区干部好作风发自肺腑的赞颂之情。

　　几十年来，在苏区时期形成的光荣传统、优良作风和精神品格，已经深深地铭刻在中国共产党人的红色基因里。

　　习近平总书记深刻指出，苏区精神"既蕴涵了中国共产党人革命精神的共性，又显示了苏区时期的特色和个性，是中国共产党人政治本色和精神特质的集中体现，是中华民族精神新的升华，也是我们今天正在建设的社会主义核心价值体系的重要来源"。

1934年1月21日，中华苏维埃第二次全国代表大会在瑞金沙洲坝大礼堂隆重开幕，693名正式代表和83名候补代表，以及1500余名旁听代表齐聚沙洲坝临时中央政府大礼堂。

★ 图为"二苏大会"旧址
★ 江西省人大常委会供图　来源：《求是》2019年第5期

1927年大革命失败后，面对国民党的屠杀，中国共产党人继续高举革命的旗帜，领导发动土地革命和武装斗争、创建苏维埃根据地，并建立了中华苏维埃共和国。

从毛泽东、朱德等同志率领红四军主力于1929年1月走下井冈山向赣南闽西进军，到1934年10月中央红军开始长征，中国共产党人在中央苏区战斗了5年零9个月。

面对"红旗到底能打多久"的迷茫和质疑，以毛泽东同志为主要代表的中国共产党人坚信"星星之火，可以燎原"，建立起一个又一个革命根据地。在中国共产党的领导下，苏区军民始终坚信中国革命必定胜利，为了追寻崇高的理想、光明的愿景，前仆后继、舍生忘死，奋勇向前。

即使在战争暂时失利时,面对敌人高官厚禄的诱惑,陷入敌人囹圄的共产党人也依然铿锵有力地回答:"我们军事上只是暂时失败,政治上是不会失败的。我们一定会胜利,共产主义一定要在中国实现的。""敌人只能砍下我们的头颅,决不能动摇我们的信仰!因为我们信仰的主义,乃是宇宙的真理!"

正是在苏区的开辟与发展、反"围剿"斗争和中国共产党苏区局部执政的革命实践过程中,中国共产党人创造和培育了宝贵的精神财富——苏区精神。

中华苏维埃共和国是中国共产党在局部地区执政的重要尝试。中华苏维埃共和国临时中央政府先后颁布120多部法律、法令,初步建构起苏维埃国家法律体系。

★ 左图:中华苏维埃第二次全国代表大会通过的国徽(上)、国旗(中)、军旗(下)

★ 右图:《苏维埃法典》(第二集)

★ 瑞金中央革命根据地历史博物馆供图　来源:《求是》2019年第23期

2021年12月10日，连通赣南苏区与深圳经济特区的赣深高铁正式开通运营。赣深高铁的开通，结束了赣南地区没有直达广东省高速铁路的历史。
★ 图为赣深高铁江西省赣州市蓉江新区段
★ 曾华荣／摄　来源：《求是》2022年第12期

苏区精神是中国共产党人精神谱系的重要组成部分，有着丰富的内涵。

习近平总书记用"坚定信念、求真务实、一心为民、清正廉洁、艰苦奋斗、争创一流、无私奉献"这28个字，概括了苏区精神的主要内涵。

苏区精神跨越时空、历久弥新：坚定信念，突出体现在坚信"星星之火、可以燎原"；求真务实，突出体现在"反对本本主义"；一心为民，突出体现在"真心实意地为群众谋利益"；清正廉洁，突出体现在"自带干粮去办公"；艰苦奋斗，突出体现在"创业艰难百战多"；争创一流，突出体现在创造"第一等的工作"；无私奉献，突出体现在"一切为了革命战争"、"一切为了苏维埃"。

苏区精神是我们党的宝贵精神财富，要永远铭记、世代传承。

今天，战争年代血与火的生死考验少了，但前进道路从来不会是一片坦途，必然会面对各种重大挑战、重大风险、重大阻力、重大矛盾，必须进行具有许多新的历史特点的伟大斗争，这就要求我们必须大力弘扬苏区精神等伟大革命精神。

新时代弘扬苏区精神，最根本的就是要结合中国发展的新的历史方位，不断赋予苏区精神新的时代内涵，为实现中华民族伟大复兴的中国梦提供不竭动力。

1933年4月，中华苏维埃共和国临时中央政府从叶坪迁到沙洲坝，毛泽东主席也来到沙洲坝办公和居住。看到当地群众饮水困难，他带领当地群众开挖了一口直径85厘米、深约5米的水井，人们把这口井叫作"红井"。

★ 图为当地小学生在红井旁参观学习
★ 赣南日报社 李传材/摄　来源：《求是》2019年第23期

长征精神

> "革命理想高于天"

"红军不怕远征难，万水千山只等闲。"

于都河畔，长征渡口。1934年10月，中央机关、中央军委和中央红军主力在此集结出发，踏上漫漫征途。

1934年10月至1936年10月，中国工农红军第一、第二、第四方面军和第二十五军进行了伟大的长征。在生死存亡的危急关头，面对外有强敌天险、内有分裂危险的严峻考验，中国共产党领导的工农红军以非凡的智慧和大无畏的英雄气概，纵横十余省，长驱两万五千里，血战湘江，四渡赤水，巧渡金沙江，强渡大渡河，飞夺泸定桥，鏖战独树镇，勇克包座，转战乌蒙山，同敌人进行了600余次战役战斗，跨越近百条江河，攀越40余座高山险峰，穿越茫茫草地，战胜千难万险，付出了巨大牺牲，胜利完成震撼世界、彪炳史册的长征，把

★ 图为位于江西于都县的长征渡口
★ 新华社记者 周密/摄 来源:《求是》2021年第10期

一次被迫实行的战略转移变成了一次向着光明的伟大进军,实现了中国共产党和中国革命事业从挫折走向胜利的伟大转折。

"长征是宣言书,长征是宣传队,长征是播种机。"长征是一次理想信念的伟大远征、一次检验真理的伟大远征、一次唤醒民众的伟大远征、一次开创新局面的伟大远征,是中国共产党和红军谱写的壮丽史诗,是中华民族伟大复兴历史进程中的巍峨丰碑!

"长征这一人类历史上的伟大壮举,留给我们最可宝贵的精神财富,就是中国共产党人和红军将士用生命和热血铸就的伟大长征精神。"2016年10月,在纪念红军长征胜利80周年大会上,习近平总书记深刻指出:"伟大长征精神,就是把全国人民和中华民族的根本利益看得高于一切,坚定革命的理想和信念，坚信正义事业必然胜利的精神；就是为了救国救民，不怕任何艰难险阻，不惜付出一切牺牲的精神；就是坚持独立自主、实事求是，一切从实际出发的精神；就是顾全大局、严守纪律、紧密团结的精神；就是紧紧依靠人民群众，同人民群众生死相依、患难与共、艰苦奋斗的精神。"

伟大长征精神，作为中国共产党人红色基因和精神谱系的重要组成部分，已经深深融入了中华民族的血脉和灵魂，成为社会主义核心价值观的丰富滋养，成为鼓舞和激励中国人民不断攻坚克难、从一个胜利走向另一个胜利的强大精神动力。

2019年5月，在"不忘初心、牢记使命"主题教育开展前夕，习近平总书记来到于都县，瞻仰中央红军长征出发纪念碑，察看中央红军长征出发地旧址原于都县城东门渡口，参观中央红军长征出发纪念馆，强调我们不能忘记党的初心

湘江战役是红军长征的壮烈一战，是决定中国革命生死存亡的重要历史事件。
★ 图为位于广西桂林全州县的红军长征湘江战役纪念馆
★ 桂林市委宣传部供图　来源：《求是》2022年第1期

和使命，不能忘记革命理想和革命宗旨，要继续高举革命的旗帜，弘扬伟大的长征精神，朝着中华民族伟大复兴的目标奋勇前进。

2021年4月，在全党开展党史学习教育之际，习近平总书记广西考察的第一站就来到位于桂林全州县才湾镇的红军长征湘江战役纪念园，缅怀革命先烈、赓续共产党人的精神血脉。他深刻阐释了湘江战役的重大意义："革命理想高于天。正是因为红军是一支有理想信念的革命军队，才能视死如归、向死而生、一往无前、绝境重生，迸发出不被一切敌人压倒而是压倒一切敌人的英雄气概。为什么中国革命在别人看来是不可能成功的情况下居然成功了？成功的奥秘就在这里。"

"横扫千军如卷席"，习近平总书记坚定地说，"我们对实现下一个百年奋斗目标、实现中华民族伟大复兴就应该抱有这样的必胜信念。困难再大，想想红军长征，想想湘江血战"。

长征精神已经深深融入了中华民族的血脉和灵魂，是中华民族自强不息的民族品格的集中展示。

★ 图为"纪念红军长征胜利八十周年美术作品创作展"（2016）上的作品《翻越雪山》（王颖生、董卓/作）。

★ 来源：《求是》2019年第14期

2021年4月1日，清明将至，在贵州省遵义市习水县土城镇青杠坡战斗遗址公园，人们祭奠红军先烈，寄托哀思，传承长征精神。

★ 求是图片　范永根/摄

每一代人有每一代人的长征路，每一代人要走好每一代人的长征路。今天，我们实现了第一个百年奋斗目标，正在意气风发地向着全面建成社会主义现代化强国的第二个百年奋斗目标迈进。在新的长征路上，仍然充满各种可以预见和难以预见的风险挑战，还有许多"雪山"、"草地"需要跨越，还有许多"娄山关"、"腊子口"需要征服。习近平总书记谆谆告诫，要走好新的长征路，"广大党员干部必须牢记党的理想信念和根本宗旨，必须弘扬伟大的长征精神，必须发扬革命战争年代那种敢于战斗、不怕困难的奋斗精神，勇于战胜各种艰难险阻、风险挑战，奋力夺取新时代中国特色社会主义新胜利"。

奋进新征程，建功新时代。新的长征路上，中国共产党团结带领全国各族人民踔厉奋发、铿锵前行，必将交出更为优异的答卷，书写更为壮丽的史诗！

遵义会议精神

"**坚持真理、修正错误**"

遵义会议，是我们党历史上一个生死攸关的转折点。

  贵州遵义红花岗区子尹路 96 号，一栋二层小楼临街而立。1935 年 1 月，中国共产党人在这里召开了具有伟大转折意义的遵义会议。

  这次会议，事实上确立了毛泽东同志在党中央和红军的领导地位，开始确立以毛泽东同志为主要代表的马克思主义正确路线在党中央的领导地位，开始形成以毛泽东同志为核心的党的第一代中央领导集体，开启了党独立自主解决中国革命实际问题新阶段，具有伟大的历史意义。

★ 图为遵义会议会址（2021年6月29日摄）
★ 遵义市红花岗区融媒体中心供图　来源：《求是》2021年第13期

遵义会议"在最危急关头挽救了党、挽救了红军、挽救了中国革命"，成为我们党历史上生死攸关的转折点。

路线关乎党的命脉、关乎革命前途。在红军濒临绝境的时候，黄土地上成长起来的这群共产党人靠什么挽狂澜于既倒？靠主观主义是不行的，还是要靠马克思主义基本原理与中国实际相结合的中国化马克思主义。遵义会议是马克思主义中国化历程中的一个关键节点，从那以后，以毛泽东同志为主要代表的马克思主义正确路线在党中央开始确立领导地位。

这一重要转变来之不易，是中国共产党人坚持真理、修正错误的结果。正如陈云同志在遵义会议传达提纲中所写的："遵义政治局扩大会议的召集，是基于在湘南及通道的各种争论而由黎平政治局会议所决定的。"遵义会议及其前后的一系

\遵义会议精神／　033

列会议,围绕实现马克思主义正确路线对中国革命的领导这条主线,各自担负了不同任务,共同构成了一条完整的历史链条。从通道会议、黎平会议、猴场会议,到后来的"鸡鸣三省"会议、扎西会议、苟坝会议等,红军犹如惊涛骇浪中的航船,渐渐地拨正了前进的航向。

1963年9月,毛泽东同志在会见外宾时说道:"从那之后,我们就懂得要自己想问题……真正懂得独立自主是从遵义会议开始的。"以遵义会议为起点,中国共产党开始更加自主地认识中国革命的规律,把握中国革命的主动权和领导权,这标志着党在经历了曲折的道路后,在政治上逐步走向成熟。

遵义会议之后,在毛泽东同志主导下制定和实施的一系列重大战略举措,使中国共产党从长征前濒临灭亡的险境转危为安,中国革命的面貌焕然一新。1945年党的七大胜利召开,全党在毛泽东思想的基础上实现了空前的团结统一,中国共产党带领全国人民形成了磅礴力量,势如破竹、摧枯拉朽,很快取得了新民主主义革命的胜利,建立了新中国,确立了社会主义基本制度。中国人民真正站起来了!

"我们要运用好遵义会议历史经验,让遵义会议精神永放光芒。"

遵义会议是在红军第五次反"围剿"失败和长征初期严重受挫的历史关头召开的。彼时的中央红军,已由长征出发时的8.6万余人锐减到3万多人。惨重的失败,险恶的环境,使党和红军内部对错误领导严重怀疑和不满。遵义会议的召开,结束了"左"倾教条主义错误在中央的统治,事实上确立了毛泽东同志在党中央和红军的领导地位。毛泽东同志不负众望，将高超的军事指挥能力发挥得淋漓尽致——四渡赤水、屡出奇兵……终于让红军化险为夷，红色的火焰从西南燃向西北，最终燃向全中国。

党的六届七中全会通过的《关于若干历史问题的决议》评价道："这次会议开始了以毛泽东同志为首的中央的新的领导，是中国党内最有历史意义的转变。"邓小平同志后来也曾指出："从毛刘周朱开始，中国共产党才真正形成了一个稳定的成熟的领导集体。以前的领导都是很不稳定，也很不成熟的。从陈独秀起，一直到遵义会议，没有一届是真正成熟的。"

党的十八大以来，习近平总书记在不同场合多次谈到遵义会议，强调遵义会议"在把马克思主义基本原理同中国具体实际相结合、坚持走独立自主道路、坚定正确的政治路线和政策

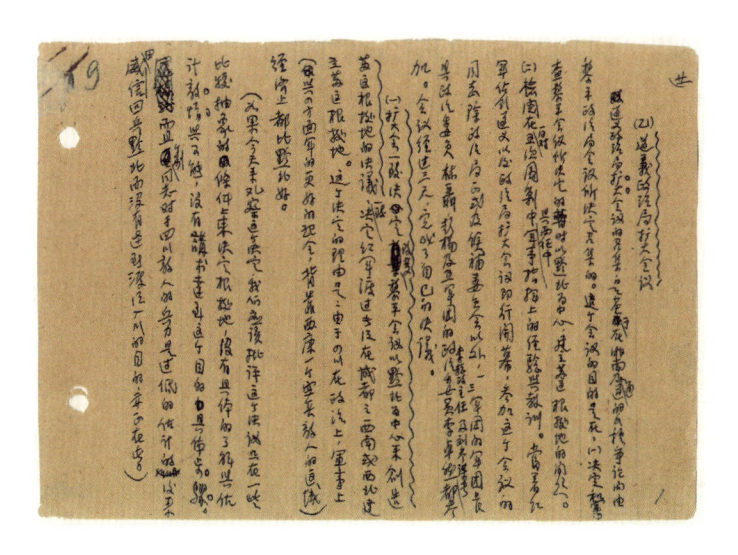

《（乙）遵义政治局扩大会议》手稿是遵义会议参加者陈云同志在长征途中为向红军干部传达遵义会议精神而写的。这份珍贵的手稿记述了遵义会议前后的有关情况，对遵义会议召开的目的、酝酿的过程、会议的主要内容，尤其是中央的组织变动情况等重要史实，都有明确的记载。

★ 遵义市委宣传部供图　来源：《求是》2021年第5期

\ 遵义会议精神 ／ 035

2021年3月28日,遵义师范学院师生在遵义会议会址前开展活动,重温党的辉煌历程,接受革命传统教育。

★ 贵州省委宣传部供图　来源:《求是》2021年第10期

策略、建设坚强成熟的中央领导集体等方面,留下宝贵经验和重要启示","遵义会议的鲜明特点是坚持真理、修正错误,确立党中央的正确领导,创造性地制定和实施符合中国革命特点的战略策略。这在今天仍然具有十分重要的意义"。

百年沧桑,中国巨变,遵义会议的深远意义随着时间的推移而愈益彰显。

历史是最好的教科书。"忆往昔峥嵘岁月稠",回望遵义,正是因为我们党逐步形成和确立了坚强的领导核心、成熟的领导集体、科学的理论指导,中国革命、建设和改革事业才不断从一个胜利走向另一个胜利。新时代新征程,深刻领悟"两个确立"的决定性意义,进一步增强"四个意识"、坚定"四个自信"、做到"两个维护",我们就一定能战胜前进道路上的各种艰难险阻,向着实现中华民族伟大复兴的宏伟目标奋勇前进。

延安精神

> "培育了一代代中国共产党人"

"我在延川生活期间，对延安精神有切身感悟，当年每到一次延安，心里都充满崇敬和激动。这次再到延安，仍让我深受教育。今天，全面从严治党要继续从延安精神中汲取力量。"

延安是中国革命的圣地。从 1935 年 10 月到 1948 年 3 月，党中央在延安生活、战斗将近 13 年，形成了伟大的延安精神。

延安精神，就是老一辈革命家和老一代共产党人，在抗日战争和解放战争时期，在为争取民族独立和人民解放事业的不懈奋斗中，在延安极其艰苦的环境下，所体现出来的理想信念、精神

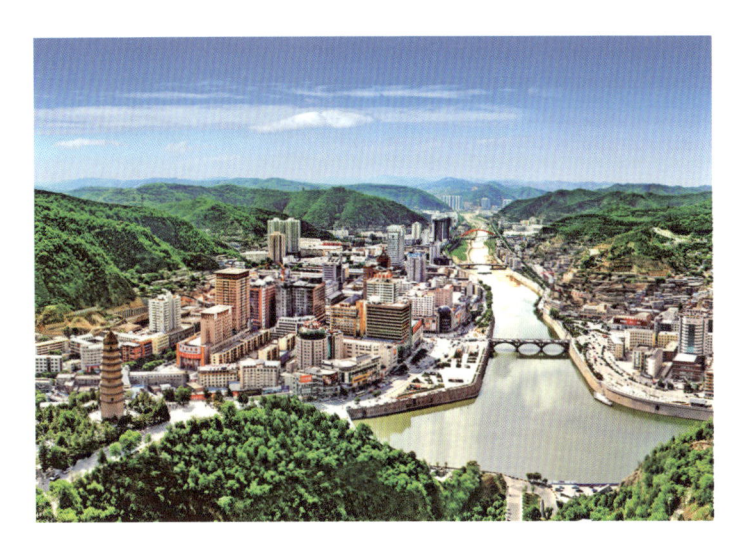

老一辈革命家和老一代共产党人在延安时期留下的优良传统和作风所培育形成的延安精神，是我们党的宝贵精神财富。

★ 图为延安今貌
★ 陕西省委宣传部供图　　来源：《求是》2021年第10期

风貌、思想品德、工作与生活作风的精华和结晶。其主要内容是坚定正确的政治方向、解放思想实事求是的思想路线、全心全意为人民服务的根本宗旨、自力更生艰苦奋斗的创业精神。

对延安精神，习近平总书记"有切身感悟"，"当年每到一次延安，心里都充满崇敬和激动"。总书记深刻指出，"延安精神培育了一代代中国共产党人，是我们党的宝贵精神财富。要坚持不懈用延安精神教育广大党员、干部，用以滋养初心、淬炼灵魂，从中汲取信仰的力量、查找党性的差距、校准前进的方向"。

2022年10月27日，党的二十大闭幕不到一周，习近平总书记带领新一届中央政治局常委专程前往陕西延安，瞻仰延安革命纪念地。总书记满怀深情地说："我在延安地区生活劳动了7年，我的父辈也是从这里走出去的，我对这里十分

实事求是，是马克思主义的根本观点，是中国共产党人认识世界、改造世界的根本要求，是我们党的基本思想方法、工作方法、领导方法。

★ 图为延安革命纪念馆珍藏的毛泽东同志于1943年为中央党校题词"实事求是"的四块石刻

★ 延安革命纪念馆供图　来源：《求是》2021年第19期

熟悉。当年在陕北插队的时候，每次路过延安，我都要来七大会址、杨家岭、枣园、凤凰山等革命旧址看一看。到中央工作后，先后3次来延安考察调研。这次和中央政治局常委同志一起来，就是要宣示新一届中央领导集体将继承和发扬延安时期党形成的优良革命传统和作风，弘扬延安精神。"

1969年1月，不满16岁的习近平从北京来到延安梁家河村插队落户，后来担任大队党支部书记，在这里劳动生活了7年。

他组织带领群众修道路、造淤地坝、办铁业社、打大口井、发展沼气，改善了农业生产条件。当年淤地坝造出的耕地，如今已是亩产1000多斤的高产田。

在梁家河村的2400多个日日夜夜，习近平同乡亲们打成一片、结下了深厚感情，增长了见识和本领，锤炼了意志和品格，对这里的一草一木、一沟一岔、一峁一梁都饱含深情、常常牵挂。

2015年2月，习近平总书记来到延安视察，他深情地对大家说，"我迈出人生第一步就来到梁家河，7年时间里，梁家河父老乡亲给了我无数关爱，使我受益终生。我永远不会忘记梁家河，永远不会忘记父老乡亲，永远不会忘记老区人民"。

在杨家岭七大会址，他动情地说，"这里我来过多次，插队时每次到延安都要来看看，每次都受到精神上的洗礼"。

"老一辈革命家和老一代共产党人在延安时期留下的优良传统和作风，培育形成的以坚定正确的政治方向、解放思想实事求是的思想路线、全心全意为人民服务的根本宗旨、自力更生艰苦奋斗的创业精神为主要内容的延安精神，是我们党的宝贵精神财富。"习近平总书记对延安精神的内涵进行了详细论述，对"继续从延安精神中汲取力量"提出明确要求。

坚定正确的政治方向

习近平总书记指出，"坚定正确的政治方向是延安精神的精髓"。1938年，毛泽东同志在延安抗日军政大学回答"在抗大应当学习什么"时指出，"首先是学一个政治方向"。政治方向对一个党、一个党的组织、一个党员干部来说都极端重要。回顾当年，一大批有志之士投奔延安，很多热血青年是"打断骨头连着筋，扒了皮肉还有心，只要还有一口气，爬也要爬到延安城"。原因何在？就是我们党的政治方向坚定正确吸引了大家。

习近平总书记要求全党，要坚持正确政治方向，坚决贯彻党的基本理论、基本路线、基本方略，坚决落实党中央决策部署，把老一辈革命家开创的伟大事业继续推向前进。

解放思想、实事求是的思想路线

习近平总书记强调，"解放思想，实事求是，凝结着辩证唯物主义和历史唯物主义的世界观、方法论"。革命战争年代,面对各种复杂局面,我们党能够制定和实行正确的大政方针、战略策略,靠的就是解放思想、实事求是;今天,面对日新月异的国内外形势,面对我们肩负的繁重任务,依然要靠解放思想、实事求是,"一切形式主义、教条主义、经验主义都是行不通的"。

习近平总书记要求,"要教育引导党员、干部特别是领导干部提高辩证思维、系统思维能力,带着问题深入调查研究,善于透过现象看本质,提高把握问题实质、把握矛盾规律的能力,讲实话、办实事、求实效,踏踏实实推动工作、解决问题,坚决克服得过且过、无所作为的思想,坚决杜绝哗众取宠、装点门面的假大空做法"。

★ 图为爱国青年奔赴延安
★ 延安革命纪念馆供图　来源:《求是》2021年第6期

延安时期，毛泽东同志先后撰写了《实践论》《矛盾论》《论持久战》《新民主主义论》等一系列闪耀着马克思主义理论光辉的重要著作，深刻揭示了中国革命和革命战争的基本规律、基本战略和策略，阐明了党的思想路线、政治路线、组织路线和军事路线。据统计，《毛泽东选集》共收入文章159篇，延安时期完成的就有112篇。

★ 图为延安革命纪念馆陈列的毛泽东同志的部分著作
★ 延安革命纪念馆供图　来源：《求是》2021年第19期

全心全意为人民服务的根本宗旨

习近平总书记指出，延安时期，党提出全心全意为人民服务的根本宗旨并写入党章，强调共产党"这个队伍完全是为着解放人民的，是彻底地为人民的利益工作的"，要求党的干部"把屁股端端地坐在老百姓的这一面"，形成了"只见公仆不见官"的生动局面。

习近平总书记要求，全党同志要站稳人民立场，践行党的宗旨，贯彻党的群众路线，保持党同人民群众的血肉联系，自觉把以人民为中心的发展思想贯穿到各项工作中，扎实推进共同富裕，让现代化建设成果更多、更公平地惠及全体人民。

\延安精神／ 043

自力更生、艰苦奋斗的创业精神

党中央和红军安家延安后,由于敌人的军事包围和经济封锁,条件十分艰苦。延安军民积极响应毛泽东同志发出的"自己动手、丰衣足食"的号召,开展了热火朝天的大生产运动,有力地支持了抗日前线。2015年2月,习近平总书记在陕西考察工作结束时的讲话中强调,要继续从延安精神中汲取力量,"我们党是靠自力更生、艰苦奋斗起家的",自力更生、艰苦奋斗"是我们共产党人的品质,是我们立党立国的根基,也是党员、干部立身立业的根基"。

习近平总书记要求,全党同志要大力弘扬自力更生、艰苦奋斗的精神,无论我们将来物质生活多么丰富,自力更生、艰苦奋斗的精神一定不能丢,要脚踏实地、苦干实干,集中精力办好自己的事情,把国家和民族的发展放在自己力量的基点上。

历史前行的每一步,都需要精神的滋养

走过百年历程的中国共产党,在激流中勇进、在逆风中前行,汇聚了强大的精神力量。

"要坚持不懈用延安精神教育广大党员、干部,用以滋养初心、淬炼灵魂,从中汲取信仰的力量、查找党性的差距、校准前进的方向。"习近平总书记的教导言犹在耳。我们要牢记嘱托,把党的历史学习好、总结好,把党的伟大精神传承好、发扬好,砥砺前行、不懈奋斗,奏响奋进新时代的最强音。

抗战精神

"血肉筑就钢铁长城"

"日本投降矣！"

1945年8月15日，《大公报》头版用超大号的五个铅字，向全国人民宣告这一重大消息。

这短短五个字，凝结着一个民族多少不屈抗争的艰辛与悲壮、憧憬与期盼！

1931—1945年，14年，5000多个日日夜夜。从九一八事变后白山黑水间的奋起抵抗，到七七事变后全民族同仇敌忾、救亡图存，淞沪会战、武汉会战、长沙保卫战、衡阳保卫战等一场场誓死抵抗，晋察冀、冀鲁豫、湘鄂赣、鄂豫皖等一个个敌后抗日根据地，伏击战、破袭战、地雷战、地道战、麻雀战等一系列游击战，不愿做亡国奴的中国人民经过不屈不挠的浴

★ 图为美国新闻记者埃德加·斯诺 1936 年 8 月在豫旺堡（今宁夏回族自治区同心县预旺镇）拍摄的名为《抗战之声》的经典照片

★ 新华社发（资料照片）

与国民党实行的片面抗战路线不同，中国共产党从一开始就主张实行全面抗战的路线，即人民战争路线。

★ 图为晋察冀抗日根据地民兵在进行军事训练
★ 新华社发（资料照片） 来源：《求是》2020年第17期

血奋战，打败了穷凶极恶的日本军国主义侵略者，取得了中国人民抗日战争的伟大胜利！

这是近代以来中国人民反抗外敌入侵持续时间最长、规模最大、牺牲最多的民族解放斗争，也是第一次取得完全胜利的民族解放斗争。中国人民抗日战争的伟大胜利，彻底粉碎了日本军国主义殖民奴役中国的图谋，有力地捍卫了国家主权和领土完整，彻底洗刷了近代以来抗击外来侵略屡战屡败的民族耻辱！这一伟大胜利，重新确立了中国在世界上的大国地位，中国人民赢得了全世界爱好和平的人民的尊敬，中华民族赢得了崇高的民族声誉！这一伟大胜利，坚定了中国人民追求民族独立、自由、解放的意志，开启了古老中国凤凰涅槃、浴火重生的历史新征程！

在这场艰苦卓绝的反侵略战争中，在中华民族危急存亡的关头，中国人民的爱国热情像火山一样迸发出来。在中国共产党倡导的抗日民族统一战线的旗帜下，"四万万人齐蹈厉，同心同德一戎衣"，全体中华儿女为国家生存而战、为民族复兴而战、为人类正义而战。社会动员之广泛、民族觉醒之深刻、战斗意志之顽强、必胜信念之坚定，都达到了空前的高度。中国人民以铮铮铁骨战强敌、以血肉之躯筑长城、以前仆后继赴国难，谱写了惊天地、泣鬼神的雄壮史诗，展现了坚不可摧的磅礴力量！杨靖宇、赵尚志、左权、彭雪枫、佟麟阁、赵登禹、张自忠、戴安澜等殉国将领，八路军"狼牙山五壮士"、新四军"刘老庄连"、东北抗联八位女战士、国民党军"八百壮士"等英雄群体，英勇奋战，血沃中华。

抗日战争时期，中国共产党以卓越的政治领导力和正确的战略策略，指引了中国抗战的前进方向，坚定不移地推动全民族坚持抗战、团结、进步，反对妥协、分裂、倒退；坚决维护、巩固、发展统一战线，坚持独立自主、团结抗战，维护了团结抗战大局。中国共产党人勇敢战斗在抗日战争最前线，支撑起中华民族救亡图存的希望，成为全民族抗战的中流砥柱！

2020年9月，在纪念中国人民抗日战争暨世界反法西斯战争胜利75周年大会上，习近平总书记指出："中国人民在抗日战争的壮阔进程中孕育出伟大抗战精神，向世界展示了天下兴亡、匹夫有责的爱国情怀，视死如归、宁死不屈的民族气节，不畏强暴、血战到底的英雄气概，百折不挠、坚忍不拔的必胜信念。"

1938年五六月间,毛泽东同志总结全国抗战开始以来10个月的经验,作了《论持久战》的长篇讲演。他在《论持久战》中明确指出:抗日战争是持久的,最后胜利是属于中国的。

★ 图为毛泽东同志在延安中国人民抗日军政大学作《论持久战》的讲演
★ 新华社发(资料照片)　来源:《求是》2020年第17期

1937年9月25日，八路军115师主力在平型关伏击日军，歼敌1000余人，击毁汽车100余辆。平型关大捷是全国抗战爆发后中国军队主动对日作战取得的第一个重大胜利，打破了侵华日军所谓"不可战胜"的神话，极大地振奋了全国军民的抗战信心。

★ 图为八路军115师战士在平型关伏击日军
★ 新华社发（资料照片）　来源：《求是》2020年第17期

伟大事业孕育伟大精神，伟大精神引领伟大事业。抗日战争胜利以来，中国发生了翻天覆地的变化。中国共产党团结带领全国各族人民发愤图强、艰苦创业，创造了举世瞩目的发展成就，我们实现了第一个百年奋斗目标，在中华大地上全面建成了小康社会，历史性地解决了绝对贫困问题，正在意气风发地向着全面建成社会主义现代化强国的第二个百年奋斗目标迈进，中华民族伟大复兴迎来了光明前景。全体中华儿女为之感到无比自豪！

历史川流不息，精神代代相传。伟大抗战精神，是中国人民弥足珍贵的精神财富,将永远激励中国人民克服一切艰难险阻、为实现中华民族伟大复兴而奋斗。习近平总书记深刻指出:"我们要弘扬伟大抗战精神,以压倒一切困难而不为困难所压倒的决心和勇气,敢于斗争,善于创造,锲而不舍为实现中华民族伟大复兴而奋斗,直至取得最后的胜利。"

今天,社会主义中国巍然屹立在世界东方,没有任何力量能够撼动我们伟大祖国的地位,没有任何力量能够阻挡中国人民和中华民族的前进步伐!全党全军全国各族人民,海内外所有中华儿女,大力弘扬伟大抗战精神,心往一处想、劲儿往一处使,牢牢拧成一股绳,中华民族伟大复兴的中国梦一定能够实现!

红岩精神

"一片丹心向阳开"

"红岩上红梅开，千里冰霜脚下踩，三九严寒何所惧，一片丹心向阳开。"

红岩，不仅是一个地理概念，更是一个精神地标。

1938年，抗日战争进入战略相持阶段。这年秋天召开的党的六届六中全会，决定成立以周恩来同志为书记的中共中央南方局，加强党对国民党统治区工作的领导。1939年1月16日，中共中央南方局在重庆正式成立，同年5月因驻地被日军炸毁搬迁到红岩嘴。从此，"红岩"与中国共产党领导的中国革命历史紧密联系在一起。

在党中央的直接指挥和坚强领导下，在周恩来、董必武、叶剑英等人带领下，中共中央南方局创造性地贯彻执行党中

★ 图为红岩革命纪念馆
★ 重庆红岩革命历史博物馆供图　来源：《求是》2022年第6期

央正确的路线、方针、政策，一大批共产党人和革命志士始终坚定理想信念，置个人安危于不顾，积极开展各项工作，将南方国统区共产党组织建设成为坚强战斗堡垒，为最终赢得抗日战争的全面胜利和世界反法西斯战争胜利作出了重大历史性贡献。

当年八路军驻重庆办事处的条件极其艰苦，吃水要去两公里外的嘉陵江边挑，蔬菜全靠自己种。物质匮乏、特务监视，战斗在重庆的共产党人却一直保持着坚定的理想信念。周恩来同志在一封信中这样写道："我们大家并不以此为烦恼……同志都团结得像一个人一样……不要急，伟大的时代长得很……"皖南事变后，为了把国民党拉回团结抗战的统一战线，周恩来等同志毅然决定继续留在重庆战斗。他们在复杂、困难的国统区斗争中，置生死于度外，展现出崇高的思想境界。

解放战争后期，重庆地下组织遭到破坏，被捕的共产党员及革命志士多数被集中关押在渣滓洞和白公馆监狱。以江竹筠（江姐）、王朴、许晓轩、陈然等为代表的革命英烈，以坚如磐石的理想信念、正义凛然的英雄气概，经受住种种酷刑折磨，不屈不挠坚持斗争，为中国人民解放事业献出了宝贵生命。他们以感天动地的英雄人生，进一步锻造和凝结了彪炳史册的红岩精神。

"毒刑拷打，那是太小的考验。竹签子是竹子做的，共产党员的意志是钢铁！"1948年6月14日，由于叛徒的出卖，江竹筠同志不幸被捕。国民党军统特务用尽各种酷刑，妄想从这个年轻的女共产党员身上打开缺口，破获中共地下组织。面对敌人的严刑拷打，江竹筠同志始终坚贞不屈，"你们可以打断我的手，杀我的头，要组织是没有的"。1949年11月，在新中国已经成立、重庆即将解放之际，年仅29岁的江竹筠等一批共产党人被国民党残忍杀害。

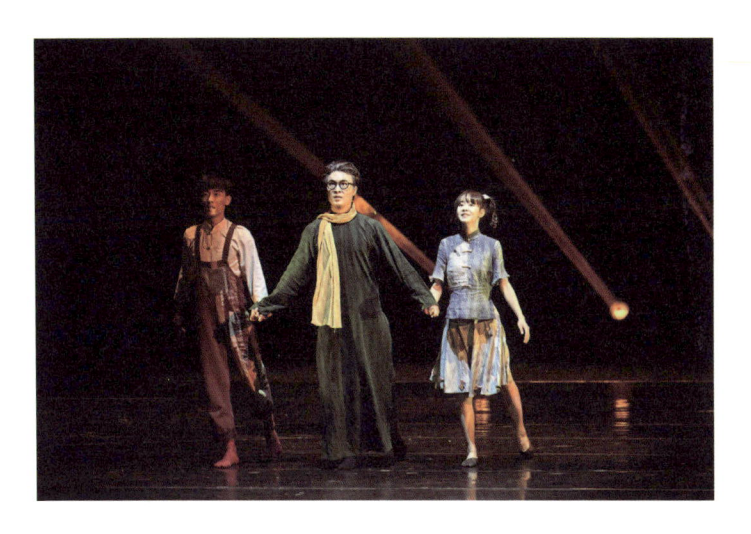

2021年11月26日，中国首部大型红色舞蹈诗《红岩红》在重庆师范大学试演，生动诠释了在风雨如晦的斗争岁月中，罗广斌、江竹筠、小萝卜头、陈然等革命烈士坚如磐石的理想信念、不屈不挠的斗争精神。

★ 求是图片　孙凯芳/摄

"死，也要死得其所！""希望组织上能够切实深入研究，深入发现问题的根源。经常整党、整风，清除非无产阶级意识的作风，保持党的纯洁性。" 面对丧心病狂的敌人，狱中的革命先辈在生死关头仍以高度的责任感，对党的建设、组织发展、党员教育等方面进行回顾，对党组织工作的方方面面进行讨论和分析，总结教训供党组织参考。他们给为之奋斗的新中国、为之奉献了热血和生命的党组织留下了宝贵的《关于重庆组织破坏经过和狱中情形的报告》。其中的"狱中八条"，是先烈们在生命的最后时刻给全党的警示和镜鉴。

2018年全国两会期间，习近平总书记在参加重庆代表团审议时，特别讲到"狱中八条"，充分肯定其镜鉴意义并指出，

★ 图为江竹筠牺牲前写下的托孤遗书
★ 重庆中国三峡博物馆供图　申林 / 摄

"'狱中八条'作为烈士们临终前给党留下的血泪嘱托,至今仍然具有很强的现实意义"。

2019年4月17日,习近平总书记在视察重庆时,再次指出:"重庆解放前夕,关押在渣滓洞、白公馆的革命烈士在牺牲前用血的教训提出了'狱中八条',对今天加强党的作风建设仍然具有很深刻的警示意义!""重庆要运用这些红色资源,教育引导广大党员、干部坚定理想信仰,养成浩然正气,增强'四个意识'、坚定'四个自信'、做到'两个维护',始终在政治立场、政治方向、政治原则、政治道路上同党中央保持高度一致。"

"红色血脉是中国共产党政治本色的集中体现,是新时代中国共产党人的精神力量源泉。"回望过往历程,眺望前方征

2022年3月31日,四川省华蓥市双河小学的少先队员在红岩广场"华蓥山游击队群雕"前聆听辅导员讲述革命先烈的故事。

★ 求是图片 邱海鹰/摄

途,我们要始终赓续红色血脉,弘扬红岩精神等党的伟大精神,用党的奋斗历程和伟大成就鼓舞斗志、指引方向,用党的光荣传统和优良作风坚定信念、凝聚力量,用党的历史经验和实践创造启迪智慧、砥砺品格,继往开来,开拓前进,把革命先烈流血牺牲打下的红色江山守护好、建设好,努力创造不负革命先辈期望、无愧于历史和人民的新业绩。

西柏坡精神

> "牢记'两个务必'"

滹沱河波光粼粼，柏坡岭满目葱绿，环抱起一个静谧的村庄——西柏坡。

1948 年 5 月至 1949 年 3 月，党中央在河北省平山县西柏坡办公，这里成为党中央解放全中国的"最后一个农村指挥所"。在党的七届二中全会上，毛泽东同志提出了"两个务必"的重要思想，告诫全党："务必使同志们继续地保持谦虚、谨慎、不骄、不躁的作风，务必使同志们继续地保持艰苦奋斗的作风。"西柏坡见证着"新中国从这里走来"，以"两个务必"为核心的西柏坡精神，成为党和国家的宝贵精神财富。

1949 年 3 月 23 日，中共中央从西柏坡动身前往北平。临行前，毛泽东同志对周恩来同志笑称，"今天是进京的日子，

★ 图为河北省平山县西柏坡中国共产党七届二中全会会址
★ 来源:《求是》2019年第6期

进京'赶考'去"。周恩来同志答道,"我们应当都能考试及格,不要退回来"。毛泽东同志补充说,"退回来就失败了。我们决不当李自成,我们都希望考个好成绩"。

中国共产党人特别重视从古往今来兴衰成败的历史经验教训中汲取智慧。

1944年3月,郭沫若在重庆发表了近两万字的史学文章《甲申三百年祭》,叙述李自成领导的农民起义军推翻明王朝、进入北京以后,一些首领因为胜利而骄傲起来,贪图享受、生活腐化,他们建立起的大顺政权仅仅存在了40多天便灰飞烟灭了。毛泽东同志读后感慨万千,当即把该文列为党内整风学习文件。他在延安高级干部会议上指出:"近日我们印了郭沫若论李自成的文章,也是叫同志们引为鉴戒,不要重犯胜利时骄傲的错误。"这一年11月,毛泽东同志在给郭沫若的

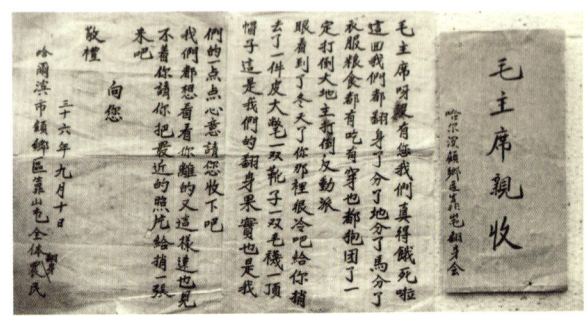

中国共产党根基在人民、血脉在人民、力量在人民，这一不可改变的历史结论，在西柏坡时期再次得到证明。中国共产党领导了解放区的土地改革运动，赢得了广大农民对中国共产党的拥护，取得了人民解放战争的节节胜利。1949年3月，党的七届二中全会在西柏坡召开，毛泽东同志提出的"两个务必"，产生了十分深远的影响。

★ 左图：1949年3月2日毛泽东同志签发的党的七届二中全会报告
★ 右图：1947年9月10日农民李学思代表哈尔滨市顾乡区靠山屯全体翻身农民写给毛主席的一封信，表达了对中国共产党和毛主席的感激之情

★ 西柏坡纪念馆供图　　来源：《求是》2021年第19期

信中表示:"你的《甲申三百年祭》,我们把它当作整风文件看待。小胜即骄傲,大胜更骄傲,一次又一次吃亏,如何避免此种毛病,实在值得注意。"

当历史的车轮行进到 1949 年初时,辽沈、淮海、平津三大战役取得胜利,历经千辛万苦的新民主主义革命在全国的胜利已成定局,中国共产党即将执掌全国政权,领导建设一个新中国。在胜利面前,中国共产党能不能经得住胜利的考验,怎么避免重蹈由胜利到骄傲、由骄傲到腐败、由腐败到灭亡的历史覆辙,毛泽东同志对此高度警惕,并把它作为我们党必须面对和解决的迫切历史课题提到了全党面前。

1949 年 3 月 5 日至 13 日,党的七届二中全会在西柏坡召开。这是中国共产党执掌全国政权前的最后一次中央全会。毛泽东同志在全会上指出:我们很快就要在全国胜利了,"夺取这个胜利,已经是不要很久的时间和不要花费很大的气力了;巩固这个胜利,则是需要很久的时间和要花费很大的气力的事情"。"因为胜利,党内的骄傲情绪,以功臣自居的情绪,停顿起来不求进步的情绪,贪图享乐不愿再过艰苦生活的情绪,可能生长。"

为此,毛泽东同志告诫全党:"夺取全国胜利,这只是万里长征走完了第一步。如果这一步也值得骄傲,那是比较渺小的,更值得骄傲的还在后头。在过了几十年之后来看中国人民民主革命的胜利,就会使人们感觉那好像只是一出长剧的一个短小的序幕。剧是必须从序幕开始的,但序幕还不是高潮。中国的革命是伟大的,但革命以后的路程更长,工作更伟大,更艰苦。这一点现在就必须向党内讲明白,务必使同志们继续地保持谦虚、谨慎、不骄、不躁的作风,务必使同志们继续地保持艰苦奋斗的作风。"

党的七届二中全会的会场是简陋的,简陋的会场里却诞生了不朽的思想。毛泽东同志的阐释如警钟、似重鼓，敲击着每一个共产党员的心灵，成为"跳出周期率""不当李自成"的济世良方，成为永恒的历史标记。

党的十八大以来，习近平总书记多次谈到"两个务必"。他说："每次来西柏坡，我想得最多的是，毛泽东同志当年提出'两个务必'，主要基于哪些考虑？"在中国革命即将取得全国胜利之际，毛泽东同志向全党郑重提出"两个务必"，是经过了深入思考的。"这里面，包含着对我国几千年历史上治乱规律的深刻借鉴，包含着对我们党艰苦奋斗历程的深刻总结，包含着对胜利了的政党永葆先进性和纯洁性、对即将诞生的人民政权实现长治久安的深刻忧思，也包含着对我们党

1949年3月5日至13日，党的七届二中全会在河北省平山县西柏坡召开，毛泽东同志在会上作报告。

★ 图为党的七届二中全会的会议现场
★ 新华社发　来源：《求是》2019年第6期

1949年3月25日,《人民日报》关于党的七届二中全会的报道中指出：中国的革命是伟大的，但是夺取全国革命的胜利只是工作的第一步，革命以后的路程更长，工作更伟大、更艰苦。全会号召全党同志继续保持谦虚、谨慎、不骄、不躁和艰苦奋斗的作风，以便在打倒反革命势力之后，用更大的努力来建设一个新中国。

★ 来源：《求是》2019年第6期

坚持全心全意为人民服务根本宗旨的深刻认识，思想意义和历史意义十分深远。"

越是取得重大胜利的时刻，越是要保持高度历史清醒。正是因为始终保持着这份清醒，正是因为始终强调和坚持"两个务必"，我们党才能团结带领人民战胜前进道路上的各种风险和挑战，迎来了中华民族从站起来、富起来到强起来的伟大飞跃。

进京"赶考"后70多年的实践证明，中国共产党在这场历史性大考中取得了优异成绩。这场大考还远没有结束，还正在继续。今天，我们党团结带领人民所做的一切，就是这场大考的继续。摆在我们面前的使命更光荣、任务更艰巨、挑战更严峻、工作更伟大。"征途漫漫，惟有奋斗。"在新的征程上，我们绝不能有半点骄傲自满、固步自封，也绝不能有丝毫犹豫不决、徘徊彷徨，必须始终牢记"两个务必"，赓续共产党人精神血脉，保持奋发有为的进取精神，以"赶考"的清醒和坚定，在新时代创造中华民族的新辉煌。

习近平总书记强调："对毛泽东同志提出'两个务必'的深邃思想和战略考虑，我们要不断学习领会。我们要不断向全党严肃郑重地提出这个问题，始终做到谦虚谨慎、艰苦奋斗，使我们的党永远不变质、我们的红色江山永远不变色。"牢记是为了更好地出发。只有始终牢记全心全意为人民服务的宗旨，才能始终同人民风雨同舟、领航中国号巨轮破浪前行；只有保持谦虚、谨慎、不骄、不躁的作风，只有保持艰苦奋斗的作风，才能始终同人民密切联系在一起，在这场历史性考试中经受考验，不断向历史、向人民交出新的更加优异的答卷。

照金精神

> "革命火种照新生"

"南有瑞金，北有照金。"照金，一块英雄的土地，一页光辉的历史。

照金，位于陕西省铜川市，地处陕甘毗邻地区，四面环山，沟壑纵横，地势险要。1927年大革命失败后，中国共产党人开始武装反抗国民党反动统治，开创革命根据地。1932年元宵夜，刘志丹、谢子长率领的中国工农红军陕甘游击队，趁着照金街头耍闹社火，奇袭当地反动民团，点燃了照金革命的烽火。

1932年12月，陕甘游击队正式改编为中国工农红军第二十六军第二团，成为土地革命战争时期中国共产党在西北地区最早建立的正规红军。首战焦家坪、香山寺分粮、鏖战庙湾镇……红军转战照金各地，所到之处，敌人闻风丧胆，百姓拍手称快。

1933年3月，中共陕甘边区特委在耀县（今陕西省铜川市耀州区）照金镇兔儿梁成立。同年4月，陕甘边区革命委员会成立。在轰轰烈烈开展的土地革命斗争中，照金根据地不断发展壮大。

1933年8月，陕甘边区特委在照金陈家坡召开党政军联席会议。习仲勋、秦武山等陕甘边党和红军领导人坚持从实际出发，独立自主地探索制定符合实际的战略方针，巩固和扩大了以照金为中心的陕甘边革命根据地，将各路革命武装统一起来，为恢复和重建红二十六军、坚持与发展陕甘边革命根据地作出了重要贡献。陕甘边党和红军开始走向成熟。

1933年11月，照金根据地失陷后，陕甘边区特委和陕甘边区红军临时总指挥部召开会议，决定建立以陕北安定、陇东南梁、关中照金相互支持的三路游击区，以南梁为中心创建陕甘边革命根据地。至1934年1月，开辟出以南梁为中心、纵横70多公里的陕甘边新苏区。

1934年，红军重新打回照金，全面恢复和巩固了照金苏区。1935年2月，陕甘边革命根据地与陕北革命根据地统一为陕

★ 图为陕甘边革命根据地照金纪念馆
★ 石铜钢/摄　铜川市耀州区融媒体中心供图

2021年10月1日,游客们瞻仰鲜花环绕的陕甘边革命根据地英雄纪念碑。
★ 石铜钢/摄 铜川市耀州区融媒体中心供图

甘革命根据地(又称"西北革命根据地"),为中共中央和各路红军长征提供了落脚点,为八路军主力奔赴抗日前线提供了出发点。

曾几何时,照金人民饱受剥削压迫,生活悲惨困苦。直到中国共产党出现,才改变了这一切。在残酷的革命斗争中,中国共产党人始终坚持一切为了人民、一切依靠人民,始终坚持密切联系群众,得到了人民群众的真心拥护和支持。

在根据地的创建过程中,刘志丹曾说,只要政策对头,紧紧依靠群众,困难是可以克服的;习仲勋一村一村地做调查研究,一家一户地探访发动群众,相继组织起农会、贫农团、赤卫队和游击队,为根据地创建发展打下坚实基础。

红军陕甘游击队到达照金后,没收并分配了大地主囤积的粮食,群众感激地称红军分的是"救命粮",红军是"救命恩人"。随后,在根据地轰轰烈烈的土地革命运动中,红军结合当地实际,组织发动群众没收地主土地分配给贫苦农民,废除反动政府的一切苛捐杂税,同时积极推行发展生产的经济政

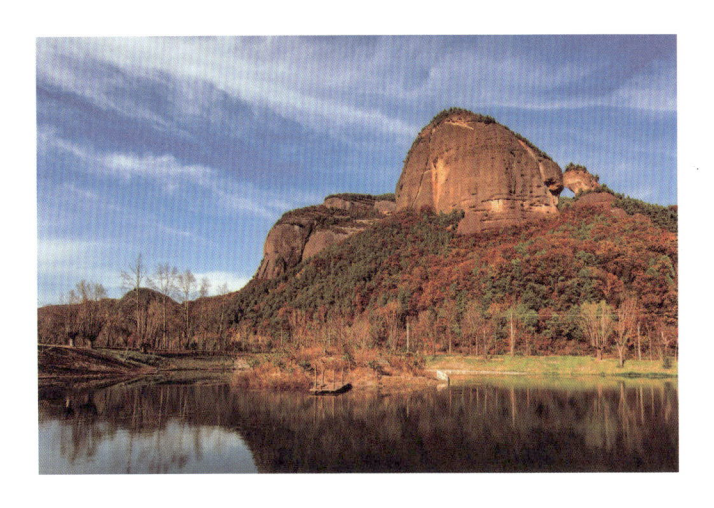

★ 图为照金薛家寨
★ 石铜钢／摄　铜川市耀州区融媒体中心供图

策，实行了禁烟、禁赌、放足等新政策，树立起社会新风尚。

我们党时时处处维护和代表着广大人民群众的利益，得到了人民群众的真心爱戴。一首传唱至今的陕甘民歌这样唱道："羊肚子手巾三道道蓝，哥哥跟的是咱刘志丹。老刘站在山上喊一声，咱们千家万户齐响应。"习仲勋在领导陕甘边区苏维埃政府工作时，群众不管是谁有了困难都来找他。在长期的革命生涯中，他始终把人民放在心中的最高位置，时刻把群众的安危冷暖放在心上，"把屁股端端地坐在老百姓的这一面"，被毛泽东同志赞誉为"从群众中走出来的群众领袖"。

在异常艰苦的条件下，开辟和建设革命根据地、开展武装斗争、进行土地革命，锤炼着每一个共产党员和革命战士的信仰、情操、胆略和意志，锻造出中国共产党人一种特殊的品格，那就是不怕牺牲、顽强拼搏的英雄气概，独立自主、开拓进取的创新勇气，从实际出发、密切联系群众的工作作风。正是依靠这种精神，照金苏区一次次走出困境，求得生存。

\ 照金精神 ／　073

照金精神，是陕甘边革命根据地成功开创和西北革命力量发展壮大的重要精神支撑和精神动力，是中国共产党人崇高理想追求和扎实工作作风的精华，是我们党宝贵的精神财富。

2015年2月14日，习近平总书记在照金镇考察时指出，以照金为中心的陕甘边革命根据地，在中国革命史上写下了光辉的一页。要加强对革命根据地历史的研究，总结历史经验，更好地发扬革命精神和优良作风。总书记语重心长地说："我们党要依靠群众，要把照金精神传承好、发扬好，如果能做到这些的话，我们的事业就固若金汤了。"

2018年5月30日，习近平总书记给照金北梁红军小学的学生回信，勉励同学们多了解中国革命、建设、改革的历史知识，多向英雄模范人物学习，热爱党、热爱祖国、热爱人民，用实际行动把红色基因一代代传下去。

硝烟散尽，精神永存。今天，在中华民族大踏步向着伟大复兴迈进的征程中，照金精神依然闪耀着灿烂的时代光芒。

★ 图为照金红色小镇全景（2020年4月摄）
★ 赵军强航拍　铜川市耀州区融媒体中心供图

东北抗联精神

"**白山黑水铸英魂**"

"我们是东北抗日联合军,创造出联合军的第一路军。乒乓的冲锋杀敌缴械声,那就是革命胜利的铁证……"

这首雄浑激昂的《东北抗日联军第一路军军歌》,生动地描述了在炮火连天的革命岁月,穿梭在林海雪原中的抗联将士英勇抗击日本侵略者的场景。

1931年9月18日,日本关东军炸毁南满铁路沈阳柳条湖段,制造了震惊中外的九一八事变。在中华民族面临生死存亡的时刻,中国共产党人义无反顾地肩负起救亡图存的责任。在中国共产党人爱国情怀的感召下,各民族同胞团结一致,反日游击队、救国军、自卫军等抗日队伍纷纷组建,并最终

★ 图为矗立在吉林省靖宇县杨靖宇将军殉国地的杨靖宇雕像（2017年3月22日摄）

★ 新华社记者 曾涛/摄

在中国共产党的号召和领导下联合起来，成立了东北抗日联军。

从1931年到1945年，东北抗日联军辗转于白山黑水之间，进行了长达14年不屈不挠的斗争，开辟了全国最早且坚持时间最长的抗日战场。在长期的抗战中，东北抗联孤悬敌后、武器简陋、缺衣少食、挨冻受饿，面对挑战人类极限的最恶劣条件和最残酷斗争环境，在敌我力量极其悬殊的情况下，东北抗日武装共出击20余万次，平均每天达52次以上，消灭了大批日伪军的有生力量，为世界反法西斯战争胜利作出了重要贡献。

"英勇的同志们前进呀！赶走日寇推翻'满洲国'。这一次的民族革命战争，要完成弱小民族的解放运动。"白山黑水、林海雪原，处处可见战斗的身影，处处挺立起不屈的脊梁。

"革命就像火一样，任凭大雪封山，鸟兽藏迹，只要我们有火种，就能驱赶严寒，带来光明和温暖。"这是东北抗日联军第一路军总司令杨靖宇发出的誓言。

2020年7月24日，习近平总书记在吉林考察时，深情讲述了杨靖宇将军的故事："抗日战争时期，在极其恶劣的条件下，杨靖宇将军领导抗日武装冒着零下四十摄氏度的严寒，同数倍于己的敌人浴血奋战，牺牲时胃里全是枯草、树皮、棉絮，没有一粒粮食，其事迹震撼人心。"

"母亲和你在生前是永久没有再见的机会了……我最亲爱的孩子啊！母亲不用千言万语来教育你，就用实行来教育你。在你长大成人之后，希望你不要忘记你的母亲是为国而牺牲

★ 图为位于黑龙江省木兰县的鸡冠山东北抗联密营遗址群（2020年7月30日摄）

★ 新华社记者 刘赫垚/摄

"母亲不用千言万语来教育你，就用实行来教育你。在你长大成人之后，希望你不要忘记你的母亲是为国而牺牲的！"1936年8月2日，赵一曼在临刑前为年幼的儿子写下了感人至深的家书，寥寥数语却展示出深切的家国情怀和坚定的革命意志，彰显出中国共产党人舍小家为国家的崇高风范。

★ 新华社发　中共满洲省委旧址纪念馆供图　　来源：《求是》2021年第21期

的！"1936年8月，31岁的抗联第三军二团政委赵一曼在牺牲当日给7岁的儿子写下了这封遗书。

2015年9月，在主持十八届中央政治局第二十六次集体学习时，习近平总书记提到了这份感人至深的遗书。总书记指出："这些革命烈士的家书是进行理想信念教育最生动、最有说服力的教材，应该编辑成册，发给广大党员、干部，大家都经常读一读、想一想。"

白山黑水育英雄，一抔热土一抔魂。在艰苦卓绝的斗争中，东北抗联将士展现出坚定的信仰信念、高尚的爱国情操和伟

\ 东北抗联精神 ／ 079

大的牺牲精神，在生与死、血与火的磨砺中铸就出"救亡图存、忠贞报国，勇敢顽强、前仆后继，坚贞不屈、勇于献身，不畏困难、百折不挠，休戚与共、团结御侮"的东北抗联精神。伟大的东北抗联精神作为中国共产党领导的东北抗联在战争中表现出来的精神风貌和思想品格，是伟大抗战精神的具体体现，是中国人民弥足珍贵的精神财富，是中国共产党人精神谱系的重要组成部分，永远激励着中国人民克服一切艰难险阻、为实现中华民族伟大复兴而奋斗。

硝烟散去，精神永存。在东北三省，靖宇县、尚志市、一曼街……不少地方都以东北抗日联军英烈的名字命名，让今天的人们深刻铭记着历史、铭记着那些为中华民族的解放献出宝贵生命的英雄儿女。

在先辈热血抛洒的土地上，伟大的东北抗联精神代代传承、生生不息！

★ 图为位于黑龙江省牡丹江市江滨公园的"八女投江"群雕（2018年10月26日摄）

★ 新华社记者　王建威／摄

南泥湾精神

"自己动手、丰衣足食"

"南泥湾好地方，好地呀方，好地方来好风光，好地方来好风光，到处是庄稼，遍地是牛羊……"

这首欢快、优美的《南泥湾》传唱至今，仍是中国共产党历史上那场轰轰烈烈的大生产运动的生动写照。

1941 年至 1942 年，中国共产党领导的抗日根据地进入最为艰苦的时期。侵华日军对各个抗日根据地发动了空前残酷的毁灭性的"扫荡"和"清乡"，实行野蛮的烧光、杀光、抢光的"三光"政策，加上国民党顽固势力的军事包围和经济封锁，陕甘宁边区面临前所未有的挑战，财政经济尤为困难。"我们曾经弄到几乎没有衣穿，没有油吃，没有纸，没有菜，

1941年前后，由于日本帝国主义的"扫荡"和国民党反动派的封锁包围及自然灾害，各抗日根据地出现了极端困难的局面。中国共产党提出"发展经济、保障供给"的总方针，开展了大生产运动。

★ 图为晋察冀边区的八路军指战员在开荒生产
★ 新华社发　来源：《求是》2020年第4期

战士没有鞋袜，工作人员在冬天没有被盖……我们的困难真是大极了。"毛泽东同志这样形容那时面临的艰难情形。

巨大的困难没有吓倒中国共产党人。在严峻的历史关头，党中央和毛泽东同志提出"发展经济、保障供给"的总方针，向全党发出"自己动手、丰衣足食"的号召，动员广大军民掀起大规模的生产运动。

1941年3月，遵照党中央的指示，八路军359旅进驻延安东南50余公里处的南泥湾，一边练兵备战，一边垦荒屯田。359旅进驻南泥湾时，南泥湾还是一片人烟稀少的"烂泥湾"，梢林满山，荆棘遍野，常有野兽出没。战士们这样

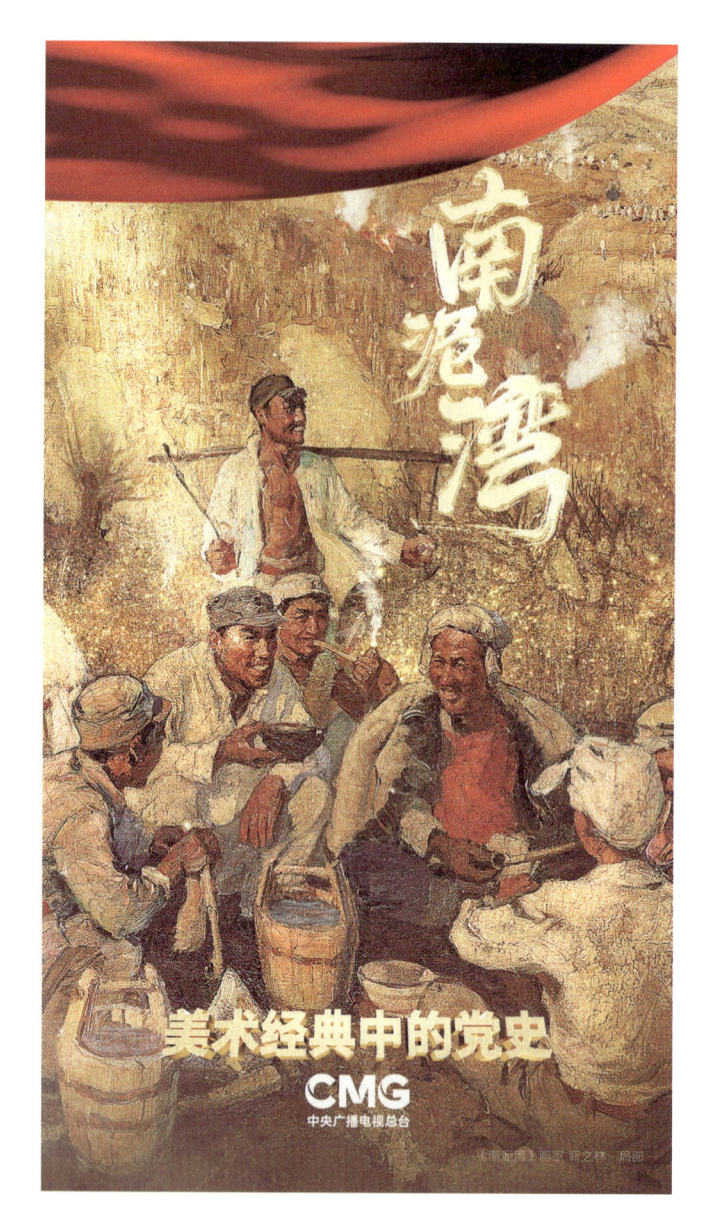

★ 图为中央广播电视总台百集特别节目《美术经典中的党史》第15集《南泥湾》的宣传海报

★ 中央广播电视总台供图　来源：《求是》2021年第6期

形容："南泥湾啊烂泥湾，方圆百里山连山；雉鸡成伙满山噪，狼豹成群林里窜；猛兽当家百年多，一片荒凉没人烟。"

"敌人来了，拿起机枪战斗，敌人没来，拿起镢头种地。"面对困难，广大指战员坚定地说："干革命需要艰苦奋斗，艰苦奋斗才能干好革命！"没有房子住，官兵们搭草棚、打窑洞；粮食不够吃，就在饭里掺黑豆和榆钱；没有菜吃，就到河边挖野菜；缺少穿的，将士们夏天光着膀子开荒，冬天砍柴烧炭取暖；缺少开荒工具，就用捡来的炮弹皮、废铜烂铁自制农具。

靠着这股不怕苦、不怕难的拼劲，凭着"在困难面前逞英雄"的革命英雄主义和革命乐观主义精神，短短3年时间，359旅就创造了大量的物质财富，把荆棘遍野、荒无人烟的南泥湾变成了"处处是庄稼，遍地是牛羊"的陕北"好江南"，被中共中央西北局誉为"发展经济的前锋"。毛泽东同志赞

2021年6月4日，延安市宝塔区南泥湾镇党徽广场，共产党员们在重温入党誓词。

★ 求是图片　刘帅冶／摄

★ 图为美丽的南泥湾风光（2021年6月4日摄）
★ 求是图片　刘帅冶／摄

叹："这是中国历史上从来未有的奇迹，这是我们不可征服的物质基础。"

"团结一致，同心同德，任何强大的敌人，任何困难的环境，都会向我们投降。"大生产运动中，毛泽东、周恩来、朱德、任弼时等中央领导都以身作则，带头参加劳动。毛泽东在自己的窑洞下面开荒种菜；朱德组织一个生产小组，开垦了三亩菜地；中央直属机关和中央警卫团举行纺线比赛，任弼时夺得第一名，周恩来被评为纺线能手。

战天斗地开垦南泥湾，唤醒了沉睡的土地，收获的不仅是粮食等物质产品，更为后人播撒下宝贵的南泥湾精神——艰苦奋斗、牺牲奉献、开拓进取。这一精神凝聚着中国共产党人的伟大品格，深深融入我们党、国家、民族的血脉之中。

80多年过去了，今日中国，江山壮丽、人民豪迈、前程远大。新的历史征程上，我们要一如既往地传承和弘扬南泥湾精神，坚持自力更生、艰苦奋斗，以坚如磐石的信心、只争朝夕的劲头、坚韧不拔的毅力，一步一个脚印地把前无古人的伟大事业推向前进！

太行精神
（吕梁精神）

"浩气传千古"

"我们在太行山上,我们在太行山上;山高林又密,兵强马又壮!敌人从哪里进攻,我们就要他在哪里灭亡!敌人从哪里进攻,我们就要他在哪里灭亡!"

　　1937年7月7日,抗日战争全面爆发。装备精良的日本侵略者来势汹汹,放出"一个月拿下山西,三个月灭亡中国"的狂言。在民族危亡的时刻,党中央和毛泽东同志明确指出:"在山西全省创立我们的根据地。"1937年9月,朱德总司令率领八路军强渡黄河,挺进太行。八路军总部和中共中央北方局长期驻扎在太行山区,领导和指挥敌后抗日军民建立晋绥、晋察冀、晋西南、晋冀鲁豫等抗日根据地，进行了艰苦卓绝的斗争。八路军将士前仆后继，浴血奋战，有力地打击了日军的疯狂进攻，大量地杀伤并牵制了敌军，有效地迟滞了日军对中国全境的侵略，极大地鼓舞了全国人民的抗战热情，谱写了中华民族万众一心、同仇敌忾的光辉抗战篇章。

七七事变爆发后，词作家桂涛声随游击队转战于太行山的"千山万壑"，亲历中国军民以血肉之躯筑就铜墙铁壁，于激昂振奋中创作了上面那首《在太行山上》。这首歌由冼星海谱曲，随即在中华大地广为传唱，向人们讲述了那段在巍巍太行的峥嵘岁月，传递出抗战必胜的坚定信念。

中国共产党领导的八路军转战太行，115师首战平型关，120师设伏雁门关，129师奇袭阳明堡，打出了八路军的雄威。神头岭伏击战、黄土岭战役、"百团大战"、韩略村伏击战、沁源围困战等一系列战役战斗，沉重打击了日本侵略者，创造了"敌后抗战的模范典型"，极大地鼓舞了中国人民的抗战斗志。

★ 图为位于山西省长治市武乡县的八路军太行纪念馆（2019年12月20日摄，无人机照片）

★ 新华社记者 曹阳/摄

太行精神（吕梁精神） 089

2020年9月25日,游客们在位于山西省大同市灵丘县的平型关大捷纪念馆内参观。

★ 新华社记者 杨晨光/摄

八路军将士英勇奋战,无数先烈血洒太行。1942年5月,日军对太行根据地进行"铁壁合围"大"扫荡",为掩护机关突围,八路军副总参谋长左权将军率部出征,在突破敌人最后一道防线时不幸中弹牺牲,献出了年仅37岁的宝贵生命。太行军民为了永远缅怀和纪念左权将军,将他的牺牲之地辽县更名为"左权县"。

据不完全统计,抗战期间,八路军晋绥军区指战员牺牲1.3万多人,晋察冀军区指战员牺牲7.1万多人,晋冀鲁豫的太行区和太岳区将士牺牲1.3万多人。八路军与日、伪军作战约10万次,消灭日、伪军125万多人,八路军在抗战中伤亡34万余人。这些用鲜血和生命写下的光辉战绩,将人民军队为战胜日本侵略者作出的重大贡献永远彪炳史册。

"太行浩气传千古,留得清漳吐血花。"八路军和太行、吕梁人民为抗日战争的胜利,进行了艰苦卓绝的斗争,付出了巨大牺牲,孕育了伟大的太行精神、吕梁精神。太行精神,

★ 图为八路军太行纪念馆内的八路军军装（2019年12月20日摄）
★ 新华社记者 曹阳/摄

是在国家和民族处于危亡的关键时刻，中国共产党人领导太行儿女展现的不怕牺牲、不畏艰险的革命英雄主义精神，是在极其艰苦条件下展现的百折不挠、艰苦奋斗的精神，是为民族解放展现的万众一心、敢于胜利的精神，是为人民利益展现的英勇奋斗、无私奉献的精神。吕梁山区，是红军东征的主战场、晋绥边区核心地区。在黄土高原的丘陵沟壑间，险峻恶劣的自然环境和艰苦卓绝的革命战争赋予吕梁儿女特别能吃苦、特别能战斗的英雄气概，铸就了伟大的吕梁精神。太行精神、吕梁精神，凝聚着中国共产党人的优秀品质，展现了中国人民的奋斗精神，是伟大抗战精神的具体体现，是中国共产党人精神谱系的重要组成部分，永远是中华民族的宝贵精神财富。

2017年6月，在山西考察工作的习近平总书记来到晋绥边区革命纪念馆，郑重向革命烈士敬献花篮。他动情地说道："革命战争年代，吕梁儿女用鲜血和生命铸就了伟大的吕梁精神。我们要把这种精神用在当今时代，继续为老百姓过上幸福生活、为中华民族伟大复兴而奋斗。"2020年5月,再赴山西考察时,总书记强调:"山西也是具有光荣革命传统的地方,是八路军总部所在地,是抗日战争主战场之一,建立了晋绥、晋察冀、晋冀鲁豫抗日根据地,平型关大捷、百团大战等闻名中外,太行精神、吕梁精神是我们党宝贵的精神财富。这些都要充分挖掘和利用。"

巍巍太行、绵绵吕梁、忠魂永在、浩气长存。今天,中国正处于实现中华民族伟大复兴的关键时期,国家强盛、民族复兴需要物质文明的积累,更需要精神文明的升华。前进道路不可能是一片坦途,我们必然要面对各种重大挑战、重大风险、重大阻力、重大矛盾。与时俱进地大力弘扬太行精神、吕梁精神,保持"越是艰险越向前"的英雄气概,保持"敢教日月换新天"的昂扬斗志,埋头苦干、攻坚克难,我们就一定能在新的赶考之路上创造出无愧于党、无愧于人民、无愧于时代的新业绩!

2021年9月18日,在位于山西省长治市武乡县的八路军太行纪念馆,中学生们列队聆听讲解。

★ 新华社记者 柴婷/摄

大别山精神

"**革命的红旗永不倒**"

延绵八百里，雄踞江淮之间，地跨鄂豫皖三省。大别山不仅山川壮美，气势恢宏，更是一座红色的山、英雄的山。

1922年春，在党的创始人陈独秀、李大钊，中共一大代表董必武、陈潭秋等亲自指导下，中共小甸集小组在安徽寿县成立，次年冬扩建为小甸集特别支部。党的地方组织的建立，开启了中国共产党领导大别山革命斗争的历程。

1927年11月13日晚，在中共黄麻特委领导下，自卫军、义勇队和成千上万拿着土枪、刀矛和扁担的农民，从四面八方涌向黄安城，发动了黄麻起义。次日，起义军攻占县城，将红旗第一次插上了古老的黄安城头。随后，黄安县农

鄂豫皖苏区首府革命博物馆位于河南省信阳市新县县城，由英雄广场、"红旗飘飘"主题雕塑、兵器园、主展馆、将帅馆五部分组成。

★ 图为鄂豫皖苏区首府革命博物馆主展馆
★ 大别山干部学院供图

民政府和中国工农革命军鄂东军宣告成立。从黄麻起义到六霍起义，经过两年多的艰苦斗争，我们党建立起鄂豫皖苏区，这是仅次于中央苏区的第二大农村革命根据地；同时，还创建了红四方面军、红二十五军、红二十八军3支红军。

鄂豫皖苏区根据地建立不久，国民党军的大规模"围剿"就开始了。1930年至1932年，鄂豫皖红军连续粉碎了国民党军的3次"围剿"。由于"左"倾错误的影响，第四次反"围剿"失败，1932年10月，红四方面军主力被迫离开艰辛创建并为之奋斗牺牲的根据地，开始了漫漫西征。在敌人疯狂的进攻破坏下，到1934年冬，鄂豫皖苏区根据地仅剩下4块残缺不全的小根据地，群众不足千户，干部战士加伤员仅余千人。他们露宿深山，衣食无着，过着令人难以想象的艰苦

"列宁号"诞生于鄂豫皖苏区,是中国工农红军的第一架飞机。1931 年,军委决定成立鄂豫皖军委航空局,任命龙文光为局长、钱钧为政委,红军的第一个航空局就这样依托"列宁号"飞机诞生了。

★ 大别山干部学院供图

生活。但久经革命烈火考验的鄂豫皖军民,没有被敌人的暴行吓倒,没有被眼前的困难征服,展现出革命到底的坚定信念。

全面抗战爆发后,红军游击队改编为新四军第四支队,东进抗日,奔赴民族解放的新战场;抗日战争进入相持阶段,李先念同志率领新四军豫鄂挺进纵队,在大别山西部建立了鄂豫边抗日民主根据地;解放战争时期,刘邓大军千里跃进大别山,实现了解放战争由战略防御转入战略进攻的伟大历史转折……直到新中国成立,大别山一直是党和人民军队重要的活动区域,创造了"二十八年红旗不倒"的奇迹。

"小小黄安,人人好汉;铜锣一响,四十八万;男将打仗,女将送饭……"鄂豫皖苏区根据地的革命斗争之所以能够长期坚持下来,是因为革命的深厚力量来自人民群众。在党的广

★ 图为鄂豫皖苏区首府革命博物馆附近英雄山上的"红旗飘飘"主题雕塑
★ 大别山干部学院供图

★ 图为位于河南省信阳市新县八里畈镇宋畈的刘邓大军司令部旧址
★ 大别山干部学院供图

泛动员和带领下，大别山的人民群众行动起来，积极给革命军队送粮送衣、送医送药、抬送伤员、传递情报，"父送子，妻送郎，兄弟争相上战场"的感人故事流传至今。党为民、民爱党，军爱民、民拥军，党政军民心相连、德相同、力相向，汇聚起推动大别山革命可持续发展的磅礴力量。在血与火的洗礼中，党政军民万众一心、团结奋进，构筑起党领导中国革命战争的铜墙铁壁，创造了"坚守信念、胸怀全局、团结奋进、勇当前锋"的大别山精神。

习近平总书记深刻指出："鄂豫皖苏区能够'二十八年红旗不倒'、新四军能够在江淮大地同敌人奋战到底，刘邓大军千里跃进大别山能够站住脚、扎下根，淮海战役能够势如破竹，百万雄师过大江能够气吞万里如虎，根本原因是我们党同人民一条心、军民团结如一人。"

大别山"二十八年红旗不倒"，大别山区英雄儿女们矢志不渝、革命到底，威武不屈、坚韧不拔，靠的是对党的无限忠诚、对革命必胜的坚定信念，靠的是大别山精神。

大别山精神，是无数革命烈士用鲜血和生命铸就而成的。虎胆将军彭雪枫，"出生入死，致力革命二十年"，在战场上壮烈殉国，践行了"军人在大敌当前之际，当以捐躯沙场，马革裹尸为荣"的铿锵誓言；黄麻起义总指挥潘忠汝，立志"不肯昏庸同草木，愿输血汗改山河"，在战斗中为掩护战友不幸中弹，英勇牺牲，年仅 21 岁；鄂豫皖苏区创建人之一吴焕先，"赤胆忠心，英勇善战"，义无反顾投身革命，一家六口因此受到牵连而被杀害……

"村村有烈士，户户有红军，山山埋忠骨，岭岭皆丰碑。"28 年浴血奋战，大别山走出了 340 多位将军，20 万英雄儿女献出了宝贵生命，在册的烈士就达 13 万之多。

2019 年 9 月，习近平总书记在河南考察时强调，"鄂豫

2021年4月22日,安徽省六安市霍山县大化坪镇红色纪念园里,少先队员和党员、干部群众在进行爱国主义教育活动。

★ 求是图片 田凯平/摄

皖苏区根据地是我们党的重要建党基地，焦裕禄精神、红旗渠精神、大别山精神等都是我们党的宝贵精神财富"，勉励广大党员、干部"在接受红色教育中守初心、担使命，把革命先烈为之奋斗、为之牺牲的伟大事业奋力推向前进"。

巍巍大别山，红旗永飘扬。大别山的红色资源，已成为党史教育的生动课堂。革命先烈用鲜血和生命铸就的大别山精神，成为生生不息的力量源泉，激励着一代又一代后来者沿着先辈的足迹，向着中华民族伟大复兴的美好明天奋力前行！

沂蒙精神

"**生死与共鱼水情**"

"蒙山高,沂水长,我为亲人熬鸡汤。续一把蒙山柴炉火更旺,添一瓢沂河水情深意长……"

  在沂蒙山区这片红色的土地上,军民同心、鱼水情深的故事家喻户晓,党群同心、军民情深、水乳交融、生死与共的沂蒙精神代代相传。这首《沂蒙颂》唱出的正是战争年代沂蒙人民的激情热血、情真意长。

  1938年,沂蒙人民遭受日寇铁蹄蹂躏的危难时刻,党中央一声令下,"派兵去山东",八路军115师挺进鲁南,创建了沂蒙抗日革命根据地。在长达12年的沂蒙革命斗争实践中,刘少奇、陈毅、罗荣桓、徐向前、粟裕等老一辈无产阶级革

2021年10月30日，中央芭蕾舞团原创舞剧《沂蒙》在广西南宁精彩上演。它以舞剧《沂蒙颂》为蓝本，吸纳了《沂蒙三章》的故事，以更加深刻凝练的剧情脉络将"乳汁救伤员""永远的新娘""火线桥"等真实感人的事迹有机地串联起来，用耳熟能详的旋律带领观众重温经典。

★ 求是图片　彭寰/摄

命家都曾在这里战斗过。在他们的带领下,各级党组织和人民军队为了人民的利益出生入死、浴血奋战,沂蒙人民在党的领导下舍生忘死、参军参战、奋勇支前。

根据地创建后,政治上实行民主选举,建立了第一个党领导下的省人民政府,颁布专门的人权保障条例;经济上实行减租减息,让"耕者有其田";军事上"为群众当兵、为群众打仗";文化上开展扫盲运动,倡导妇女解放;纪律上"不拿群众一针一线";作风上"挖野菜也要远离村庄",开展"满缸净院"运动……

我们党从"一切为了人民"的根本宗旨出发,制定了一系列为民政策:反对高傲轻视群众的态度;反对对群众漠不关心的态度;不打骂老百姓,当自己家里的父母兄弟姐妹一样看待;

在位于山东省临沂市蒙阴县的孟良崮战役纪念馆,游客们正观看孟良崮战役期间使用过的小推车(2019年6月9日摄)。

★ 新华社记者 王凯/摄

尊重民情风俗；不能埋怨群众落后，要多从自身找原因；不许对民众态度蛮横，凡事要商量、要讲理……

共产党一心一意为人民谋利益，让沂蒙人民获得了前所未有的尊严和权益；党的干部坚定不移地组织、武装、依靠群众，誓死捍卫人民群众的生命安全，赢得了人民发自内心的拥护和支持。

"最后一个儿子送战场，最后一块布做军装，最后一把米做军粮。"在长达12年的革命战争中，沂蒙人民不畏艰难困苦，不怕流血牺牲，120万沂蒙儿女拥军支前，20万人参军参战，10万将士血洒疆场，涌现了一大批可歌可泣的英雄人物和一个伟大的女性群体——沂蒙红嫂。她们中有抚养86个将帅子女和烈士遗孤、却饿死了自己4个孙子的"沂蒙母亲"王换于，用乳汁救护八路军伤员的"沂蒙红嫂"明德英，组织乡亲们烙煎饼、送弹药、救伤员的"沂蒙六姐妹"，带领姐妹跳进冰凉的河水中扛门板架"人桥"的妇救会会长李桂芳……据统计，全民族抗战期间，沂蒙老区15.5万余名妇女先后以不同方式掩护了9.4万余名革命军人和抗日志士，4.2万余名妇女参加了救护八路军伤病员的工作，共救助伤员1.9万余人。

全民族抗战最艰苦的时期，沂蒙人民积极响应"自己动手、丰衣足食"的号召，掀起了轰轰烈烈的大生产运动。村民们没日没夜地开荒种田，余粮全部用来支援部队。据不完全统计，从抗日战争全面爆发到解放战争胜利，沂蒙人民做军鞋315.13万双、军衣121.68万件，碾米磨面11715.9万斤，救护伤员5.9万人。整个解放战争中，山东出动支前民工、民兵1106多万人次，大小推车100多万辆，担架43.5万副……

在沂蒙根据地长期战斗过的陈毅同志深情地回忆道："我就是躺在棺材里也忘不了沂蒙山人。他们用小米供养了革命，用小车把革命推过了长江！"

2013年11月25日，习近平总书记来到临沂考察。脚踏

在沂蒙革命老区这片红色的热土上,一座文明开放的现代化都市正欣欣向荣。
★ 图为临沂城市风光航拍
★ 孙运河/摄　来源:《求是》2022年第13期

沂蒙这片红色热土,总书记深情地说:"我一来到这里就想起了革命战争年代可歌可泣的峥嵘岁月。在沂蒙这片红色土地上,诞生了无数可歌可泣的英雄儿女,沂蒙六姐妹、沂蒙母亲、沂蒙红嫂的事迹十分感人。沂蒙精神与延安精神、井冈山精神、西柏坡精神一样,是党和国家的宝贵精神财富,要不断结合新的时代条件发扬光大。"他还指出,"山东是革命老区,有着光荣传统,军民水乳交融、生死与共铸就的沂蒙精神,对我们今天抓党的建设仍然具有十分重要的启示作用"。

中国共产党根基在人民、血脉在人民、力量在人民。迈步新征程,只要紧紧依靠人民、牢牢植根人民、不断造福人民,大力弘扬沂蒙精神等党的伟大精神,我们这个风华正茂的百年大党,一定能够团结带领亿万人民创造新的时代辉煌、铸就新的历史伟业。

老区精神

"革命胜利的力量之源"

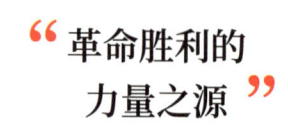

"忘记老区,就是忘本;忘记历史,就是背叛。"

回望百年党史,老区精神如同一座屹立不倒的精神灯塔,跨越时空,烛照着我们党的奋斗征程。

吃水不忘掘井人。习近平总书记指出,"革命老区是党和人民军队的根,我们永远不能忘记自己是从哪里走来的,永远都要从革命的历史中汲取智慧和力量",强调"我们要永远珍惜、永远铭记老区和老区人民的这些牺牲和贡献,继承和发扬老区和老区人民的光荣传统"。

1927年10月,毛泽东同志率领秋收起义部队到达井冈山,把立足点从城市转入农村,通过发动和依靠农民群众,

2019年5月8日，游客们在江西省瑞金市叶坪乡华屋村参观。
★ 新华社记者　兰红光／摄

在农村建立根据地，发展和壮大革命力量。革命根据地的建立，得到了老区人民的全力支持。老区人民踊跃参军参战、支援红军，从1928年4月井冈山会师时的10000多人、2000条枪发展到1933年的12万人，形成了地跨江西、福建、广东三省广大地区的中央苏区。同时，其他革命根据地也在蓬勃发展。在不到10年的时间里，十几个根据地培育了几十万红军和数以百万的地方革命武装。在抗日战争和解放战争期间，老区人民全力支援、全面支援、全程支援，为革命胜利作出了巨大贡献。

历史证明，没有革命老区，中国革命就不会走向胜利；党领导老区人民的革命斗争历程，就是老区精神形成和丰富的过程。

2021年5月5日，游客们在安徽省六安市金寨县红军广场参观。
★ 求是图片 田凯平／摄

爱党信党、坚定不移的理想信念

革命战争年代,一批又一批共产党人集合在信仰的旗帜下,舍生忘死、不懈奋斗,用"砍头不要紧,只要主义真"的无畏,用"腹中满是草根,宁愿饿死也不投降"的正气,用"竹签钉入十指,痛彻心扉也不叛党"的坚贞,诠释了我们党的初心使命,标注着中华民族的精神高度。人民群众从共产党人身上真切感受到信仰的力量和理想的光芒,铁心向党、与党同行。在革命老区的热土上,处处生长着忠诚与信仰。为了革命事业,老区人民可以毁家纾难,更不怕流血牺牲,始终紧跟革命红旗,始终爱党信党跟党走。历史充分表明,在党的领导下,人民群众一旦有了革命信仰,就没有什么克服不了的困难和战胜不了的敌人。

舍生忘死、无私奉献的博大胸怀

革命根据地的创建史和发展史,就是一部根据地人民用鲜血和生命书写的革命史。2000多万名为民族独立、人民解放和国家富强、人民幸福英勇牺牲的革命烈士,绝大部分是老区儿女。赣南苏区当时的人口为240万人,其中参加红军的就有33万多人,还有60余万人加入支前队伍。红军从于都长征出发时,于都人民自愿贡献了800多条船,千家万户拆了门板、床板、店铺板,甚至捐献寿材支援架设浮桥。根据地人民为支援自己的军队不惜一切,陇东的粮仓养活了几十万大军,延安窑洞的纺车昼夜为战士赶制军衣,沂蒙红嫂

★ 图为蓝天下的川陕革命根据地红军烈士陵园川陕忠魂碑（2021年5月19日摄）
★ 求是图片 程聪/摄

的乳汁救活了伤员，百万根据地人民扛着扁担、推着小车跟随人民军队解放了全中国。老区人民为赢得革命胜利、建立新中国付出了巨大牺牲，作出了重大贡献，永远值得我们崇敬。

不屈不挠、敢于胜利的英雄气概

根据地环境之艰苦、生存之艰难、战斗之残酷、牺牲之惨重，是今天的人们难以想象的。全面抗战的8年中，根据地民兵参加战斗174万人次，作战29.6万多次，歼敌10余万人。在敌后战场，以地方武装和民兵为主体组成的武工队、雁翎队、铁道游击队等，灵活运用山地游击战、平原游击战、地道战、地雷战、麻雀战、围困战、破袭战等战术战法，打得敌人心惊胆战。在艰难困苦的革命斗争中，有靠棉絮冰雪果腹仍顽强坚持战斗的抗联将领，有陷入绝境毅然跳崖跳江的英雄儿女，有面对酷刑誓死不屈的刚毅少年……老区军民在困境中决不退缩、在逆境中决不屈服，经受住了无数苦难的考验，表现出视死如归、坚贞不屈的革命气节和拖不垮、打不烂的坚韧品格。

自强不息、艰苦奋斗的顽强斗志

老区人民靠着不畏艰难、自强不息的精神，在根据地始终处于敌人严密军事包围和经济封锁的极端条件下，坚持自力更生、艰苦奋斗，开创了经济、财政、文化、教育等各项事业。红军胜利会师后，贫瘠的陕北高原成为中国革命的大本营。在抗战最艰苦的日子里，根据地军民开展了生产自救和互助运动，靠勤劳的双手开荒种地、纺线织布，实现了粮食等物资的自给自足，为党中央领导机关在陕北的13年坚守提供了有力保障。

2021年10月13日，游客们在延安枣园革命旧址参观。
★ 新华社发　徐宏星／摄

求真务实、开拓创新的科学态度

在中国革命不同时期，老区军民在党的领导下，求真务实、开拓创新，因地制宜、勇于探索，积极投身民主政权建设，促进了革命根据地政治、经济、文化和社会建设的发展。早在井冈山革命根据地创建初期，我们党就制定了《井冈山土地法》。1931年11月，在中央苏区首府瑞金成立了中国历史上第一个全国性的工农民主政权——中华苏维埃共和国临时中央政府，为我们党在抗日战争和解放战争时期的根据地建设以及新中国的政权建设提供了丰富的历史经验。陕甘宁边区是抗日民主政权建设的试验区，形成了一套比较完整的建设新民主主义社会的基本政策。在那个年代，抗日民主根据地呈现出与国民党统治区政治专制、官僚腐败全然不同的崭新风貌。

鱼水情深、生死相依的光荣传统

人民群众的拥护和支持是革命胜利的重要前提，也是中国共产党执政的政治优势和组织优势。红军在长征途中遇到的许多令人难以想象的困难，都是依靠人民群众的帮助解决的。红十七师在一次作战后，有47名伤员打算寄放到群众家中，当地苗寨30多户人家争着安置伤员。在几位伤员光荣牺牲后，他们特意为烈士们修建"红军坟"。抗日战争期间，沂蒙红嫂明德英用乳汁喂养受伤的战士；解放战争期间，"沂蒙六姐妹"不分昼夜，主动挑起村里拥军支前的重担……在战火纷飞的战争年代，老区人民与中国共产党和人民军队始终生死相依、患难与共，展现了党群一致、军民一家的团结景象，生动诠释了党和人民的血肉联系、鱼水情深。

实践充分证明，老区精神集中体现了党的坚定信念、根本宗旨、优良作风，凝聚着中国共产党人艰苦奋斗、牺牲奉献、开拓进取的伟大品格，是中国共产党人战胜一切艰难险阻、从一个胜利走向另一个胜利的强大力量源泉。

奋进新征程、建功新时代，我们要继承和发扬老区和老区人民的光荣传统，大力弘扬老区精神，从中国共产党人的精神谱系中汲取不竭力量，为实现第二个百年奋斗目标顽强奋斗、艰苦奋斗、不懈奋斗！

张思德精神

"为人民服务"

"为人民利益而死，就比泰山还重……张思德同志是为人民利益而死的，他的死是比泰山还要重的。"

1944年9月8日，在战士张思德的追悼会上，毛泽东同志发表了《为人民服务》的著名演讲，对张思德的思想道德、理想追求和奋斗足迹进行了充分肯定和高度概括。

1915年，张思德出生在四川省仪陇县一个穷苦农民家庭。1933年，他参加了红军。长征途中，他只身泅水抢敌船，还曾英勇夺得敌人两挺机枪，被战友们称为"小老虎"；过草地时，他多次冒着生命危险试吃野菜，为此还中过毒。1937年，

★ 图为为人民服务的光辉典范张思德
★ 来源：《求是》2019年第15期

　　他加入中国共产党，从此更加严格要求自己，一切服从党和人民的利益，党叫干啥就干好啥。

　　1938年春，张思德被调到云阳八路军某部留守处警卫营担任班长。1940年春，调中央军委警卫营任通信班长。工作中，他总是承担最困难、最艰苦的工作。1942年11月，部队合并整编，干部精减下派，一些连排干部要去当班长，多数班长、副班长要当战士。张思德被调到中央警卫团一连当战士，他毫无怨言，愉快地服从组织分配。他说："当班长是革命的需要，当战士也是革命的需要，班长和战士的职责不同，但为党工作是一样的。"

1943年,张思德被调到延安枣园,在毛泽东等中央领导同志工作的地方执行警卫任务。他把全部心血都倾注在警卫工作中。他经常主动为驻地打扫卫生、铺石垫路、修补窑洞,兢兢业业地做好每一项工作。他还经常帮助战友补洗衣服、编草鞋、喂战马、挑水烧火、采药防病、站岗放哨,带头帮助驻地群众生产劳动,全心全意地干好每一件革命工作。

1944年,张思德积极参加大生产运动,被选为农场副队长。7月,进陕北安塞县山中烧木炭。他处处起到模范带头作用,不怕苦、不怕累、不怕脏,每到出炭时都争先钻进窑中作业。9月5日,他带领战士们执行烧炭任务时,即将挖成的窑洞突然塌方,在这个危急关头,他奋力把战友推出洞去,

和战友一起烧炭的张思德(左)。
★ 新华社发(资料照片)

★ 图为延安张思德同志石峡峪烧木炭窑原址复原处
★ 刘新武 / 摄　来源：《求是》2019 年第 15 期

自己却被埋在了窑洞里，壮烈牺牲。

张思德在平凡的工作岗位上默默奉献、以身殉职，用自己短暂的一生生动诠释了全心全意为人民服务的宗旨。1945 年，在党的七大上，毛泽东同志对"为人民服务"作出进一步阐述。他指出，我们共产党人区别于任何其他政党的又一个显著的标志，就是和最广大的人民群众取得了最密切的联系。全心全意地为人民服务，一刻也不脱离群众；一切从人民的利益出发，而不是从个人或小集团的利益出发；向人民负责和向党的领导机关负责的一致性；这些就是我们的出发点。

党的七大通过的党章明确提出，"中国共产党人必须具有全心全意为中国人民服务的精神"。从此，全心全意为人民服务作为中国共产党的根本宗旨被写入党章，融入中国共产党人的血脉之中，激励着一代代中国共产党人前仆后继、英勇奋斗。

2015 年 2 月 15 日，习近平总书记在陕西考察时指出："全心全意为人民服务是党的根本宗旨。延安时期，毛泽东同

党员干部在陕西省延安市张思德广场进行现场教学活动（2021年3月29日摄）。

★ 新华社记者　张博文／摄

志在追悼张思德同志时发表的《为人民服务》的演讲，深刻揭示了党群关系、干群关系、军民关系的真谛。"

为什么人、靠什么人的问题，是检验一个政党、一个政权性质的试金石。从"为人民服务"到把"人民拥护不拥护、赞成不赞成、高兴不高兴、答应不答应作为制定方针政策和作出决断的出发点和归宿"，"代表最广大人民的根本利益"，"实现好、维护好、发展好最广大人民的根本利益"，再到"人民对美好生活的向往，就是我们的奋斗目标"，"江山就是人民、人民就是江山"，党全心全意为人民服务的根本宗旨一以贯之、坚定不移。

前进路上，我们要始终把党全心全意为人民服务的根本宗旨铭记于心、践之于行，不断凝聚智慧和力量，创造出无愧于党、无愧于人民、无愧于时代的新的历史功绩！

抗美援朝精神

> "以'钢少气多'力克'钢多气少'"

"雄赳赳，气昂昂，跨过鸭绿江；保和平，卫祖国，就是保家乡……"

2020年10月19日，中国人民革命军事博物馆，习近平总书记参观"铭记伟大胜利 捍卫和平正义——纪念中国人民志愿军抗美援朝出国作战70周年主题展览"。

展厅里，一边是精良的美式军械和皮靴手套，一边是志愿军简陋的装备和单薄的衣装。

"真是奇迹啊！他们是'钢多气少'，我们是'钢少气多'。"总书记驻足良久，感慨万千，"伟大的抗美援朝精神弥足珍贵，一定能够激励我们克服一切艰难险阻、战胜一切强大敌人。"

1950年10月初,美国侵略军悍然越过三八线,并把战火烧到了中国边境,严重威胁中国国家安全。10月19日,中国人民志愿军雄赳赳、气昂昂,跨过鸭绿江,和朝鲜人民一道共同抗击侵略者。

★ 新华社发　来源:《求是》2020年第20期

新中国成立之初,百废待兴,百业待举,中国人民无比渴望和平安宁。但是,这个愿望却受到了粗暴挑战,帝国主义侵略者将战争强加在了中国人民头上。

1950年6月,朝鲜内战爆发。美国政府进行武装干涉,并派遣第七舰队侵入台湾海峡。10月初,美军无视中国政府一再警告,悍然越过三八线,把战火烧到了中朝边境,侵朝美军飞机多次轰炸中国东北边境地区,给人民生命财产造成严重损失,中国安全面临严重威胁。

中国人民深知,对待侵略者,就得用他们听得懂的语言同他们对话,这就是以战止战、以武止戈,用胜利赢得和平、赢得尊重。

应朝鲜党和政府的请求,中国党和政府以非凡的气魄和胆略,作出抗美援朝、保家卫国的历史性决策。

\ 抗美援朝精神 /

以正义之师行正义之举，正义必胜！

在交战双方力量悬殊的情况下，经过艰苦卓绝的战斗，中朝军队打败了武装到牙齿的对手，迫使不可一世的侵略者于1953年7月在停战协定上签了字。

这一战，向世界宣告："现在中国人民已经组织起来了，是惹不得的。如果惹翻了，是不好办的！""西方侵略者几百年来只要在东方一个海岸上架起几尊大炮就可霸占一个国家的时代是一去不复返了！"

这一战，打破了美军不可战胜的神话，消除了一部分人的崇美、恐美心理，中国人民的民族自信心和自豪感空前提高，更加挺起胸膛、扬眉吐气。

习近平总书记指出："抗美援朝战争伟大胜利，将永远铭刻在中华民族的史册上！永远铭刻在人类和平、发展、进步的史册上！"

在中国人民志愿军入朝作战的同时，国内掀起轰轰烈烈的抗美援朝运动。
★ 图为天津市人民举行反对美国侵略的示威游行（资料图片）
★ 来源：《求是》2020年第20期

战争从来都不只是物质力量的较量，也是精神力量的较量。

长津湖战役中，志愿军 20 军 59 师 177 团 6 连在零下三十多摄氏度的极寒中坚守死鹰岭高地，结果穿着单衣的 125 名官兵全部冻死在阵地上。他们至死保持着随时冲锋的姿态。这些永不后退的"冰雕"，在冰天雪地里树起一座座精神的丰碑。

在长津湖畔下碣隅里外围的 1071.1 高地东南小高岭，杨根思率领全排以"人在阵地在"的英雄气概，接连击退美军 8 次进攻。当投完手榴弹、射出最后一颗子弹后，敌人第 9 次进攻开始了。危急关头，他抱起仅有的一包炸药，拉燃导火索，纵身冲向敌群，用鲜血阻断敌人撤退的道路。

"在上甘岭上抓起来一把就是三样东西，碎石头、炮弹渣和人的骨头。"上甘岭一战，在面积仅 3.7 平方公里的两个高地上，美军倾泻炮弹 190 余万发，炸弹 5000 余枚，炮火的密度超过了二战的任何一场战役。

"我们的身后就是祖国，为了祖国人民的和平，我们不能后退一步！"第 15 军战史中记载："上甘岭战役中，危急时刻拉响手雷、手榴弹、爆破筒、炸药包与敌人同归于尽，舍身炸敌地堡、堵敌枪眼等，成为普遍现象。"

这种血性令敌人胆寒，让天地动容！

2020 年 10 月 23 日，在纪念中国人民志愿军抗美援朝出国作战 70 周年大会上，习近平总书记对抗美援朝精神作出深刻阐释："英雄的中国人民志愿军始终发扬祖国和人民利益高于一切、为了祖国和民族的尊严而奋不顾身的爱国主义精神，英勇顽强、舍生忘死的革命英雄主义精神，不畏艰难困苦、始终保持高昂士气的革命乐观主义精神，为完成祖国和人民赋予的使命、慷慨奉献自己一切的革命忠诚精神，为了人类和平与正义事业而奋斗的国际主义精神，锻造了伟大抗美援朝精神。"

抗美援朝战场上,新生的人民空军发扬"空中拼刺刀"精神,与敌人进行了殊死搏斗。英雄的"王海大队"两轮入朝,共参与空战81次,击落击伤敌机29架,让敌人闻风丧胆。

★ 新华社发　　来源:《求是》2021年第10期

英雄的旗帜永远飘扬,精神的火炬代代相传。

2018年1月3日,习近平总书记视察中部战区陆军某师,参观了师史馆。在反映该师抗美援朝战争期间激战松骨峰情况的展板前,总书记感慨地说:"这一仗打得很激烈,官兵战斗作风很顽强。我军历来是打精气神的,过去钢少气多,现在钢多了,气要更多,骨头要更硬。"

"前进道路不会一帆风顺。我们要铭记抗美援朝战争的艰辛历程和伟大胜利,敢于斗争、善于斗争,知难而进、坚韧向前,把新时代中国特色社会主义伟大事业不断推向前进。"习近平总书记指出,"伟大抗美援朝精神跨越时空、历久弥新,必须永续传承、世代发扬"。

★ 上图：抗美援朝老英雄孙景坤　杜伟 / 摄
★ 下图：抗美援朝老英雄徐振明（中）　通化市委宣传部供图
★ 来源：《求是》2020 年第 21 期

——无论时代如何发展，我们都要砥砺不畏强暴、反抗强权的民族风骨。

——无论时代如何发展，我们都要汇聚万众一心、勠力同心的民族力量。

——无论时代如何发展，我们都要锻造舍生忘死、向死而生的民族血性。

——无论时代如何发展，我们都要激发守正创新、奋勇向前的民族智慧。

我们要弘扬伟大抗美援朝精神，雄赳赳、气昂昂，向着全面建设社会主义现代化国家新征程，向着实现中华民族伟大复兴的中国梦，继续奋勇前进！

"两弹一星"精神

"干惊天动地事,做隐姓埋名人"

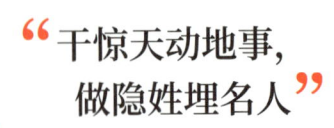

1964年10月16日,我国第一颗原子弹爆炸成功。

1966年10月27日,我国第一颗装有核弹头的地地导弹飞行爆炸成功。

1967年6月17日,我国第一颗氢弹空爆试验成功。

1970年4月24日,我国第一颗人造地球卫星"东方红一号"发射成功。

2020年4月23日,在给参与"东方红一号"任务的老科学家的回信中,习近平总书记动情地回忆:"50年前,'东方红一号'卫星发射成功,我在陕北梁家河听到这一消息十分激动。""当年,你们发愤图强、埋头苦干,创造了令全国各

老一辈核工业人在极其艰苦的环境下，攻坚克难，自主创新，成功掌握了原子弹、氢弹、核潜艇等国之重器的关键核心技术，挺起了民族脊梁。1964年10月16日我国第一颗原子弹爆炸成功，1967年6月17日我国第一颗氢弹空爆试验成功，1970年12月26日我国第一艘核潜艇下水。

★ 上图：原子弹爆炸（左）与氢弹爆炸（右）的情景

★ 下图：核潜艇航行的场景

★ 中核集团供图　来源：《求是》2020年第19期

"两弹一星"精神

关键核心技术是要不来、买不来、讨不来的。只有把核心技术掌握在自己手中，才能真正掌握竞争和发展的主动权。1970年，我国第一代核潜艇陆上模式堆实现满功率运行。

★ 图为我国第一代核潜艇陆上模式堆压力容器正在就位，容器外面贴着一幅字："中国人民有志气、有能力，一定要在不远的将来，赶上和超过世界先进水平。"

★ 中核集团供图　来源：《求是》2020年第19期

族人民自豪的非凡成就，彰显了中华民族自强不息的伟大精神。老一代航天人的功勋已经牢牢铭刻在新中国史册上。"

在那火热的建设年代，钱学森、钱三强、邓稼先等一大批科研工作者把汗水和热血洒在茫茫戈壁，创造了"两弹一星"的伟大奇迹，也将"热爱祖国、无私奉献，自力更生、艰苦奋斗，大力协同、勇于登攀"的"两弹一星"精神，永久镌刻在中国的大地上。

"两弹一星"的宏伟事业，是新中国建设成就的重要象征，是中华民族的荣耀与骄傲，也是人类文明史上一个勇攀科技高峰的伟大壮举。

20世纪50年代，面对严峻的国际形势，为了抵御帝国主义的武力威胁和打破大国的核讹诈、核垄断，尽快增强国防实力，保卫和平，党中央审时度势、高瞻远瞩，果断作出了研制"两弹一星"的战略决策。

毛泽东同志强调，中国要有原子弹，"在今天的世界上，我们要不受人家欺负，就不能没有这个东西"。

在经济落后，工业和科研基础薄弱，资金、设备极端困难的条件下，中国的科研工作者克服了各种难以想象的艰难险阻，突破了一个又一个技术难关，仅用10年左右的时间就创造了原子弹爆炸、导弹飞行和人造卫星上天的奇迹。

"两弹一星"事业的伟大成就，极大地鼓舞了中国人民的志气，振奋了中华民族的精神，为增强中国的科技实力特别是国防实力，奠定中国在国际舞台上的重要地位，作出了不可磨灭的巨大贡献。

邓小平同志曾指出："如果六十年代以来中国没有原子弹、氢弹，没有发射卫星，中国就不能叫有重要影响的大国，就没有现在这样的国际地位。这些东西反映一个民族的能力，也是一个民族、一个国家兴旺发达的标志。"

1999年9月18日，新中国成立50周年前夕，一场隆重

1999年9月18日，党中央、国务院、中央军委决定，对当年为研制"两弹一星"作出突出贡献的23位科技专家予以表彰，并授予于敏、王大珩、王希季、朱光亚、孙家栋、任新民、吴自良、陈芳允、陈能宽、杨嘉墀、周光召、钱学森、屠守锷、黄纬禄、程开甲、彭桓武"两弹一星功勋奖章"，追授王淦昌、邓稼先、赵九章、姚桐斌、钱骥、钱三强、郭永怀"两弹一星功勋奖章"（按姓氏笔画排序）。

★ 新华社发　来源：《求是》2021年第17期

而庄严的表彰仪式在人民大会堂举行。党中央、国务院、中央军委决定，对当年为研制"两弹一星"作出突出贡献的23位科技专家予以表彰。

直到此时，他们中的很多人，才为大众所知。

"苦干惊天动地事，甘做隐姓埋名人。"在研制"两弹一星"的过程中，广大研制工作者把个人理想与祖国命运紧紧联系在一起，把个人志向与民族复兴紧紧联系在一起，用热血和生命谱写了为祖国和人民鞠躬尽瘁、死而后已的人生华章。

钱学森，当时在美国已是世界知名的空气动力学家，却"无一日、一时、一刻不思归国，参加伟大的建设高潮"。他几经波折、历时5年，终于冲破重重阻力回到祖国，把毕生精力贡献给了党和祖国。

邓稼先隐姓埋名28年，为"两弹一星"研制呕心沥血，

"华龙一号"涵盖了从铀资源勘探、开采、核燃料加工到核电设计、施工、建造运营，再到核技术应用以及乏燃料后处理的全产业链创新，是我国具有完整自主知识产权的第三代核电技术，是一张"国家名片"。

★ 图为2018年3月21日"华龙一号"中核集团福清核电6号机组穹顶吊装

★ 中核集团供图　来源：《求是》2020年第19期

"两弹一星"精神

临终前念兹在兹的是"不要让人家把我们落得太远"。

郭永怀从青海试验基地赶回北京时，乘坐的飞机在降落中不幸失事，最后时刻他和警卫员紧紧抱在一起，用身体护住了装有绝密科研资料的公文包。

……

"两弹一星"精神，凝聚着科技工作者报效祖国的满腔热血和赤胆忠心，反映出他们坚定的理想信念和崇高的精神境界，是中华民族的宝贵精神财富，激励着一代代科技工作者攻坚克难、勇攀高峰。

"不管条件如何变化，自力更生、艰苦奋斗的志气不能丢。新时代的航天工作者要以老一代航天人为榜样，大力弘扬'两弹一星'精神，敢于战胜一切艰难险阻，勇于攀登航天科技高峰，让中国人探索太空的脚步迈得更稳更远，早日实现建设航天强国的伟大梦想。"这是习近平总书记对新时代航天工作者的殷殷嘱托。

从北斗卫星导航系统全面开通到"天问一号"着陆火星，从"嫦娥五号"携带月球样品安全返回着陆到中国人首次进入自己的空间站……一个个辉煌成就，见证着"两弹一星"精神在新时代的弘扬与传承。

雷锋精神

"把有限的生命投入到无限的为人民服务之中去"

"如果你是一滴水,你是否滋润了一寸土地?如果你是一线阳光,你是否照亮了一分黑暗?如果你是一颗粮食,你是否哺育了有用的生命?如果你是一颗最小的螺丝钉,你是否永远坚守在你生活的岗位上……"

这是雷锋在日记里写下的对于生命意义的思考和叩问。

1962年8月,年仅22岁的雷锋不幸因公殉职。没有气吞山河的壮举,没有轰轰烈烈的事迹,但他就像"一滴水、一线阳光、一颗粮食、一颗最小的螺丝钉",把生命的每一分

★ 图为干一行爱一行的雷锋同志
★ 新华社发（资料照片）　来源：《求是》2019年第17期

热都无私奉献给了人民，表现出崇高的共产主义情操，以他短暂的一生树起了一座令人景仰的思想道德丰碑。

2018年9月28日，在东北三省考察的习近平总书记来到辽宁省抚顺市雷锋纪念馆，向雷锋墓敬献花篮。总书记指出，雷锋是时代的楷模，雷锋精神是永恒的。学习雷锋精神，就要把崇高的理想信念和道德品质追求融入日常的工作生活，在自己岗位上做一颗永不生锈的螺丝钉。

雷锋是一个时代的楷模,雷锋精神是永恒的。雷锋在日记中写道:"一个人的作用,对于革命事业来说,就如一架机器上的一颗螺丝钉。螺丝钉虽小,其作用是不可估量的。"螺丝钉要经常保养和清洗,才不会生锈。人的思想也是这样,要经常检查,才不会出毛病。

★ 图为1960年11月支部书记高士祥(左)通知雷锋被批准加入中国共产党

★ 新华社发 张峻/摄 来源:《求是》2019年第14期

雷锋，1940年出生在湖南一户贫困的农民家庭。18岁时，他立志投身"祖国最壮丽的事业"，毅然来到工作环境和气候条件都很不适应的辽宁鞍钢，从学徒做起，兢兢业业，一步步成长为模范工人。

1960年，雷锋应征入伍，被分配到运输连。在分配汽车时，他主动申请了一辆磨损严重、耗油量大的卡车，通过精心保养和排查"病因"，把它变成了全连的"节油标兵车"。

日常训练，雷锋刻苦练就各项战斗技能，还挤出时间学习党的理论著作和科学文化知识。

休息时间，他帮战友洗衣服、缝被子，到部队驻地附近为群众做好事，给孩子当课外辅导员。

张家港扎实开展学雷锋志愿服务伙伴计划，努力让道德的种子在孩子们心中扎下根。

★ 图为张家港市实验小学少先队开展"学雷锋"主题黑板报评比活动
★ 张家港市委宣传部供图　来源：《求是》2019年第18期

出差时，他一上火车就为旅客端茶送水，打扫卫生，被群众称赞"雷锋出差一千里，好事做了一火车"。

雷锋平时舍不得花钱，把省吃俭用积存起来的钱用来帮助受灾群众和家庭困难的战友，有人说他是"傻子"，他却在日记里写道："如果说这就是傻子，我甘愿做傻子，革命需要这样的傻子，建设祖国也需要这样的傻子，我就是长着一个心眼：我一心向着党，向着社会主义，向着共产主义。"

1963年3月5日，毛泽东同志"向雷锋同志学习"的题词在《人民日报》等报刊发表。从此，以雷锋名字命名的雷锋精神，一代代传承开来。3月5日这一天，后来也被中央确定为学雷锋纪念日。

"雷锋！""到！"每次连队点名，身姿挺拔、列队齐整的官兵们都会高声应答。

在第79集团军某旅、雷锋生前所在连队，这一幕日复一日，已经坚持了半个多世纪。

"雷锋"，早已从一个年轻战士的名字，成为中国社会风尚的一个标志，成为中国人心中向上向善的力量。

党的十八大以来，习近平总书记多次强调要"让学习雷锋精神在祖国大地蔚然成风"，"把雷锋精神代代传承下去"。

2023年是毛泽东等老一辈革命家为雷锋同志题词60周年。习近平总书记作出重要指示，强调要深刻把握雷锋精神的时代内涵，让雷锋精神在新时代绽放更加璀璨的光芒。

无数雷锋式的先进人物和群体以实际行动诠释和践行着雷锋精神，不断为雷锋精神注入时代内涵，使雷锋精神历久弥新、熠熠生辉，成为一面永不褪色的精神旗帜。

雷锋是从鞍钢入伍的。1977年1月，又一位鞍钢青年入伍，他叫郭明义。多年来，他始终以雷锋为榜样，热心公益事业。2009年他在鞍钢发起成立的"郭明义爱心团队"，如今在全国有分队1000多支，成员200多万人。

江苏省海安市南莫镇沙岗小学开展"学习雷锋好榜样"主题教育活动，小志愿者们通过绘制"我心中的雷锋"宣传海报、清洁公共设施、慰问留守老人等形式，传承雷锋精神，争做雷锋式的好学生。

★ 求是图片　翟慧勇/摄

2014年3月，习近平总书记在给"郭明义爱心团队"的回信中这样写道："雷锋精神，人人可学；奉献爱心，处处可为。积小善为大善，善莫大焉。当有人需要帮助时，大家搭把手、出份力，社会将变得更加美好"，"希望你们努力践行社会主义核心价值观，积极向上向善，从'赠人玫瑰、手有余香'中感受善的力量，以实际行动书写新时代的雷锋故事，为实现中国梦有一分热发一分光"。

平凡力量，温暖你我；涓涓细流，汇成江海。从把心血和汗水洒遍千山万水、千家万户的扶贫干部，到新冠疫情防控一线的千千万万志愿者……无数人以雷锋为榜样，在忘我工作中获得快乐，在温暖他人中享受温暖。

越来越多的人在传承弘扬雷锋精神，更多新时代的雷锋故事正在书写。

焦裕禄精神

> "生也沙丘，死也沙丘，父老生死系"

1966年2月，长篇通讯《县委书记的榜样——焦裕禄》播发，焦裕禄的名字传遍千家万户，成为共产党人的光辉典范和全体党员干部崇敬的榜样。

"我当时上初中一年级，政治课老师在念这篇通讯的过程中几度哽咽，多次泣不成声，同学们也流下眼泪。"2014年3月18日，在河南兰考县委常委扩大会议上，习近平总书记动情地回忆说，"特别是念到焦裕禄同志肝癌晚期仍坚持工作，用一根棍子顶着肝部，藤椅右边被顶出一个大窟窿时，我受到深深震撼"。

在中国共产党成立100周年之际，北京鲁迅博物馆引进的河南博物院大型展览"人民呼唤焦裕禄"于2021年6月18日开展。展览以百余件焦裕禄文物为依托，结合图片，多角度、全方位展示焦裕禄一心为民、鞠躬尽瘁的光辉形象。

★ 求是图片　陈晓根 / 摄

习近平总书记指出："焦裕禄同志是人民的好公仆，是县委书记的榜样，也是全党的榜样。亲民爱民、艰苦奋斗、科学求实、迎难而上、无私奉献的焦裕禄精神，过去是、现在是、将来仍然是我们党的宝贵精神财富，永远不会过时。"

1962年冬，正是兰考遭受风沙、盐碱、内涝这"三害"最严重的时刻，全县的粮食产量降到了历史最低水平，亩产只有43斤。就是在这样的关口，组织派焦裕禄来到了兰考。

焦裕禄到兰考上任前，党组织与他谈话，要他在思想上做好经受最严峻考验的准备：兰考有三最，第一最苦，第二最穷，第三最难。他坚定地回答："感谢党把我派到最困难的

焦裕禄精神 / 149

地方，越是困难的地方，越能锻炼人。不改变兰考的面貌，我决不离开这里。"

在兰考工作的475天，焦裕禄靠一辆自行车和一双铁脚板，对全县140多个生产大队中的120多个进行了走访和蹲点调研，行程2500公里，记录全县84个风口、1600座沙丘，把县里所有的洼地、淤塞河道都进行了绘图编号。

他拖着患有慢性肝病的身体，常年奔波在农舍、田地，置身于群众之中。每当风沙最大的时候，就是他带头下去查风口、探流沙的时候；每当雨下得最大的时候，就是他带头下去冒雨涉水、观看洪水流势和变化的时候。

1964年5月14日，积劳成疾的焦裕禄因肝病不治不幸逝世，年仅42岁。在生命最后时刻，他唯一的要求是："请组织上把我运回兰考，埋在沙堆上，活着我没有治好沙丘，死了也要看着你们把沙丘治好！"

在焦裕禄精神的引领下，兰考一代代党员干部埋头苦干、接力奋斗，不断续写改天换地、日新月异的精彩篇章，走上了一条充满希望的幸福之路。

当年，焦裕禄在兰考贫瘠的土地上亲手种下了一棵泡桐幼苗，也给兰考人民播撒下了千顷澄碧的希望。如今这棵泡桐树长得枝繁叶茂，人们亲切地称它为"焦桐"。

——魂飞万里，盼归来，此水此山此地。百姓谁不爱好官？把泪焦桐成雨。生也沙丘，死也沙丘，父老生死系。暮雪朝霜，毋改英雄意气！依然月明如昔，思君夜夜，肝胆长如洗。路漫漫其修远矣，两袖清风来去。为官一任，造福一方，遂了平生意。绿我涓滴，会它千顷澄碧。

兰考是焦裕禄精神的发源地,是泡桐的原产地。在兰考,泡桐是一棵树,更是一种精神。当年,兰考风沙、内涝、盐碱"三害"肆虐,正是焦裕禄带领兰考人民以"敢教日月换新天"的气概,栽下一棵棵泡桐树,织起了防风固沙屏障。

★ 图为河南省兰考县正在盛开的泡桐花装点得大地一派生机盎然(2021年4月17日摄)

★ 求是图片 史家民/摄

习近平总书记一直十分崇敬焦裕禄,这首《念奴娇·追思焦裕禄》,作于1990年7月15日,正是他担任福州市委书记时期。

习近平总书记曾动情地谈道:"我们这一代人,是深受焦裕禄同志的事迹教育成长起来的。""后来,我当知青、上大学、参军入伍、当干部,我心中一直有焦裕禄同志的形象,见贤思齐,总是把他当作榜样对照自己。焦裕禄同志始终是我的榜样。"

2009年4月1日,习近平同志赴兰考瞻仰"焦桐"后,

焦裕禄当年亲手栽下的幼桐已长成大树。
★ 新华社记者　冯大鹏/摄　来源:《求是》2019年第1期

在不远处亲自植苗、培土、浇水，栽下又一棵泡桐，希望生生不息的焦裕禄精神在神州大地永远传承、永放光芒。

2014年3月，习近平总书记再次来到兰考，调研指导党的群众路线教育实践活动。总书记指出，兰考"是焦裕禄同志工作和生活过的地方，是焦裕禄精神的发源地"，因此"很愿意联系兰考，很高兴又一次来到兰考"。他强调，"希望通过学习弘扬焦裕禄精神，为推进党和人民事业发展、实现中华民族伟大复兴的中国梦提供强大正能量"。

"焦裕禄精神跨越时空，永远不会过时，我们要结合时代特点不断发扬光大。"习近平总书记明确指出，焦裕禄同志有以下几点特别值得学习弘扬：

★ 上图：2017年8月9日，党员干部在焦裕禄干部学院聆听"焦桐"的故事 新华社记者 冯大鹏/摄

★ 下图：2014年5月5日，干部群众在焦裕禄同志纪念馆观看"干部十不准"展板 新华社记者 朱祥/摄

★ 来源：《求是》2022年第3期

——"心中装着全体人民、唯独没有他自己"的公仆情怀。

——凡事探求就里、"吃别人嚼过的馍没有味道"的求实作风。

——"敢教日月换新天"、"革命者要在困难面前逞英雄"的奋斗精神。

——艰苦朴素、廉洁奉公、"任何时候都不搞特殊化"的道德情操。

我们要按照习近平总书记的要求,深学、细照、笃行焦裕禄精神,努力做焦裕禄式的好党员、好干部,秉持"父老生死系"的情怀,坚定"毋改英雄意气"的信念,怀揣"绿我涓滴"的决心,为实现中华民族伟大复兴不懈奋斗。

大庆精神
（铁人精神）

> "石油工人一声吼,地球也要抖三抖"

松辽惊雷,油出大庆。

2019年9月26日,习近平总书记致信祝贺大庆油田发现60周年,指出:"大庆油田的卓越贡献已经镌刻在伟大祖国的历史丰碑上,大庆精神、铁人精神已经成为中华民族伟大精神的重要组成部分。"

新中国成立初期,石油资源匮乏,严重制约着国家的发展。

1959年,王进喜作为石油战线的劳动模范到北京出席全国群英会时,看到大街上的公共汽车因为缺油只能背着煤气包。这个场面深深地刺痛了他。

正是在这一年,经过艰苦的地质勘探,9月26日,黑龙江省大同镇松基三井喜喷工业油流,人们看到了大油田的希望之火。

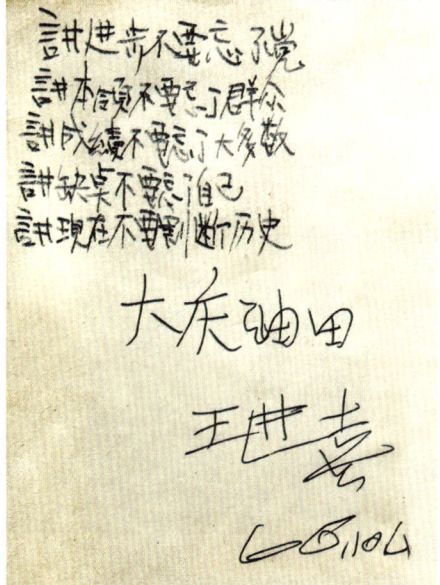

王进喜是中国石油工人的光辉典范，是中国共产党人的优秀楷模。他给我们留下了宝贵的精神财富——铁人精神。

★ 左图：王进喜带领职工学习"两论"
★ 右图：1966年国庆期间，王进喜应邀到北京人民艺术剧院作报告时，演员李光复请他在《毛主席语录》扉页上写下"五讲"留言并签名
★ 铁人王进喜纪念馆供图　　来源：《求是》2019年第13期

大庆油田被发现后，石油部决定组织石油会战。在党中央的支持下，全国各地石油职工和3万多名解放军转业官兵及大专院校学生，从四面八方云集大庆，投入了这场石油会战。

★ 上图：1959年9月26日，松基三井喜喷工业油流

★ 下图：1960年4月29日，石油大会战誓师大会

★ 大庆油田供图　来源：《求是》2019年第19期

当时正值新中国成立10周年前夕，新油田因此被命名为"大庆油田"。

大庆油田的横空出世，翻开了中国石油开发史上具有历史意义的一页。亘古荒原，被中国的石油工人唤醒。与滚滚油流一起喷涌而出的，还有宝贵的精神财富，即以"爱国、创业、求实、奉献"为主要内涵的大庆精神、铁人精神。

当时，摆在油田开发者面前的，是前所未有的困难和挑战：缺经验少技术、钻井开发设备落后、油藏地质条件复杂、自然环境极端艰苦……

"这困难，那困难，国家缺油是最大的困难"，"我们有能力找到大油田，也一定能够开发好大油田"。4万多名转业官兵、石油工人、科技工作者，从四面八方挺进松嫩平原，一场从根本上改变中国石油工业面貌的大会战拉开序幕。

打第一口油井时，王进喜带领工人们奋战3天3夜，硬

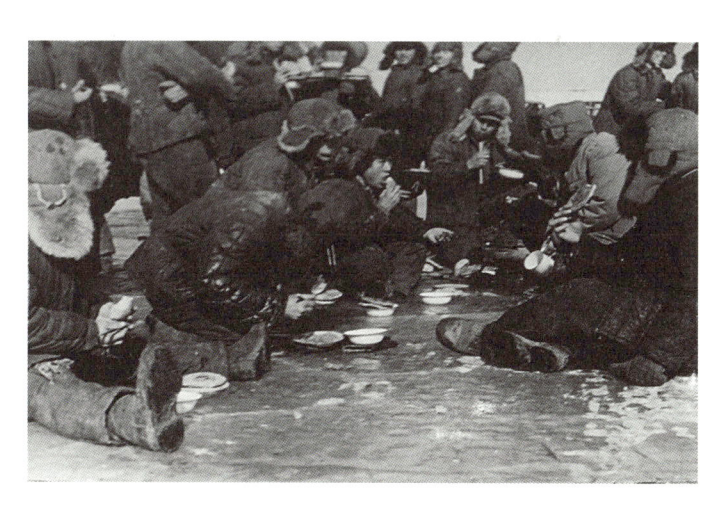

石油会战初期，大庆油田生产生活条件十分艰苦。
★ 图为当时油田职工"五两粮食保三餐"坚持会战的场景
★ 大庆油田供图　来源：《求是》2020年第4期

是靠双手和肩膀把 38 米高、22 吨重的井架立起来。"铁人"的称号不胫而走。

"宁肯少活二十年，拼命也要拿下大油田！"这是王进喜许下的钢铁誓言。

实际上，他少活了不止 20 年。从 1960 年 3 月到大庆，他在这里整整工作了 10 年，这也是他生命中最后的 10 年。1970 年 11 月 15 日，王进喜因病医治无效逝世，终年 47 岁。

跟随王进喜来到大庆的 1205 队的 36 位队员，不到 60 岁去世的一共 29 位，其中不到 50 岁去世的 15 位。

"我是个普通工人，没啥本事，就是为国家打了几口井，一切成绩和荣誉都是党和人民的。"王进喜的一页学习笔记上写着这样一句话。

大庆石油人用热血甚至生命，践行着"我为祖国献石油"的庄严承诺，仅用 3 年多时间，就在亘古荒原上建成了中国最大的石油基地。到 1963 年底，大庆油田累计生产原油超千万吨，中国石油因此实现基本自给，一举甩掉了"贫油"的帽子。

"宁肯把心血熬干，也要让油田稳产再高产。"为实现大庆油田的稳产高产，已经 80 多岁的第二代"铁人"王启民，如今依然奋战在科研一线。他主导的科技创新让大庆油田原油产量在 1976 年实现上产 5000 万吨，跨入世界特大型油田行列。

2003 年，李新民成为 1205 钻井队第 18 任队长。多年来，他率领这支英雄的队伍，创造了无数个全国第一：第一个实现连续 15 年人均每年向国家交一口井，第一个累计进尺突破 200 万米大关，第一个累计打井突破 1800 口。

"把井打到国外去"是王进喜的遗愿，也是一代代 1205 钻井人的追求。如今，大庆油田"走出去"实现了新跨越，海外业务已进入中东、中亚、亚太、非洲和美洲等区域，海外权益产量达到千万吨级规模。

三代铁人(从左至右)作为大庆精神、铁人精神的最好代言人,光荣当选由中央宣传部等组织评选的"最美奋斗者"。

★ 图左为新中国第一代钻井工人、带领1205钻井队创造年进尺10万米世界钻井纪录的铁人王进喜

★ 图中为攻克一道道技术难关、用科技兴油保稳产的大庆新铁人王启民

★ 图右为带领1205钻井队实现由单一井型向多种井型、速度型向效益型、国内作业向海外作业跨越的第三代铁人李新民

★ 大庆油田供图　来源:《求是》2019年第19期

\大庆精神(铁人精神)/

在致大庆油田发现60周年的贺信中，习近平总书记殷殷嘱托："站在新的历史起点上，希望大庆油田全体干部职工不忘初心、牢记使命，大力弘扬大庆精神、铁人精神，不断改革创新，推动高质量发展，肩负起当好标杆旗帜、建设百年油田的重大责任，为实现'两个一百年'奋斗目标、实现中华民族伟大复兴的中国梦作出新的更大的贡献！"

岁月更迭，精神的火炬在一代代石油人手中传递。大庆精神、铁人精神，集中展现了我国工人阶级的崇高品质和精神风貌，永远是激励中国人民不畏艰难、勇往直前的宝贵精神财富。

红旗渠精神

"誓把山河重安排"

一渠绕群山，精神撼天下。

立在红旗渠畔，抬头是千仞悬崖，俯首为百米峡谷，缓缓流淌的渠水宛若一条"天河"在山腰间逶迤前行，滋养着林州大地。被誉为"世界奇迹"的红旗渠见证了河南省林县人民战天斗地的奋斗历程，也为我们树立了"自力更生、艰苦创业、团结协作、无私奉献"的精神丰碑。

"红旗渠就是纪念碑，记载了林县人不认命、不服输、敢于战天斗地的英雄气概。"

"红旗渠精神同延安精神是一脉相承的，是中华民族不可磨灭的历史记忆，永远震撼人心。"

2022年10月28日，党的二十大闭幕不久，习近平总书记

红旗渠纪念馆位于河南省林州市,是为了纪念林县(今林州市)人民为改变缺水旧面貌,发扬"自力更生、艰苦创业、团结协作、无私奉献"精神修造红旗渠这一伟大创举而建立的。

★ 秦天云/摄　红旗渠干部学院供图

就到河南安阳林州市红旗渠进行考察。在红旗渠纪念馆,总书记追忆修建红旗渠的那段战天斗地的火红岁月,语重心长地指出:"要用红旗渠精神教育人民特别是广大青少年,社会主义是拼出来、干出来、拿命换来的,不仅过去如此,新时代也是如此。""今天,物质生活大为改善,但愚公移山、艰苦奋斗的精神不能变。""年轻一代要继承和发扬吃苦耐劳、自力更生、艰苦奋斗的精神,摒弃骄娇二气,像我们的父辈一样把青春热血镌刻在历史的丰碑上。"

"一部林县志,满卷旱荒史。"受气候、地形和地质条件的影响,位于太行山东麓的林县土薄石厚、水源稀缺,历史上"十年九旱,水贵如油"。大旱、连旱、久旱,是林县人

\红旗渠精神/　165

红旗渠悬挂于巍峨雄险的太行山悬崖绝壁之上,在大山之中穿行而过,为人们展现出一幅雄壮的画卷。从高处极目远眺,太行美景的"雄、险、奇、秀"尽收眼底。

★ 秦天云 / 摄 红旗渠干部学院供图

烙在骨子里的苦痛，求水、盼水、找水是林县人放在心尖上的念想。是"苦熬度日"，还是"苦干求变"？林县人怀着"渠道网山头，清水到处流；吃的自来水，鱼在库中游"的美好憧憬，毅然决然选择了后者。

自力更生

"劈开太行山，漳河穿山来，林县人民多壮志，誓把河山重安排。"1959年，林县县委提出，从林县穿越太行山到山西，将浊漳河水引进林县，彻底改变缺水状况。1960年3月，林县引漳入林委员会召开全体会议，正式命名该渠为"红旗渠"，寓意高举红旗前进，拉开了"十万大军战太行"的序幕。

当时正值国家三年困难时期，形势严峻，物质匮乏，面对浩大的工程，林县人民喊出了勤俭修渠的响亮口号："自力更生是法宝，众人抬柴火焰高。建渠不能靠国家，全靠双手来创造。"林县人民主动出工出力，自备工具、自带口粮，自建营房、自搭炉灶，抬杠断了做炮锤，锤把断了当柴烧，棚席不够睡石板，粮食不够吃野菜，没有工具自己制，没有石灰自己烧，没有抬筐自己编，没有炸药自己造……另外，还有许多林县人外出务工，攒下几元、几十元钱，寄回家乡援建红旗渠。据统计，红旗渠工程总投资为6800多万元，其中85%为林县自筹。

林县人民誓师出征。
★ 红旗渠干部学院供图

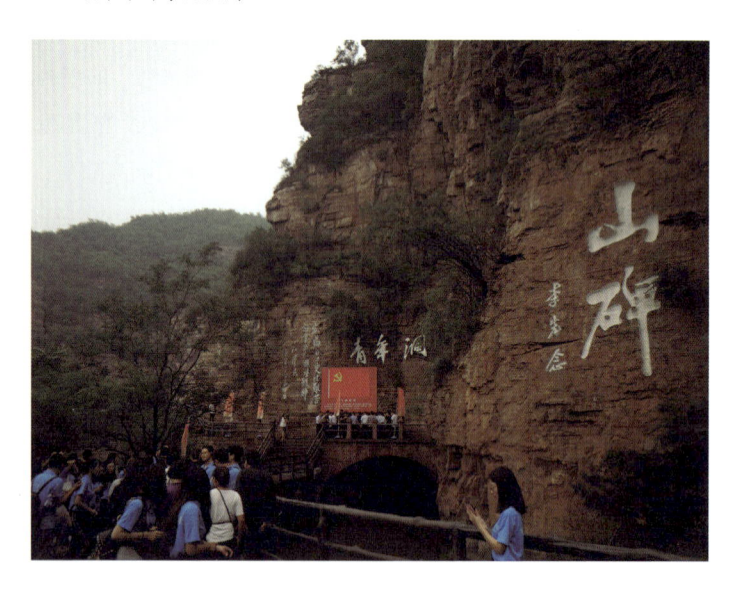

游客们在红旗渠畔参观。
★ 红旗渠干部学院供图

艰苦创业

悬崖峭壁建"天河",谈何容易!

长达 616 米的青年洞是红旗渠的咽喉工程,洞口在金鸡岭下狼牙山的悬崖绝壁上,但狼牙山石坚硬如钢,锤一次钢钎只能留下一个白印,在没有大型施工机械的情况下凿通青年洞,可谓"难上加难"。

"红军不怕远征难,我们修渠意志坚,为了实现水利化,再苦再累心也甘!"横水公社 300 余名青年组成突击队,勇敢挑起了凿洞的重担。他们夜以继日、加班加点地苦干,在风钻机停止使用时,便靠人工抡锤打钎,一锤一钎,强攻硬打,站着打,跪着敲,谁也不叫苦喊累。他们也巧干,创造了"三角炮"、"瓦缸密炮"、"连环炮"、"立切炮"、"抬炮"等爆破凿洞新技术,提高了钻洞速度,日进度由原来的 0.3 米提高到 2 米以上。他们提出:"修自己的渠,流自己的汗,不能靠天靠神仙,度过困难就是胜利。"青年突击队靠着坚韧不拔的蚂蚁啃骨头式的艰苦奋斗,鏖战 500 多个日夜,终于在 1961 年 7 月 15 日凿通了隧洞。为铭记这些凿洞青年的感人业绩,后人将此洞命名为"青年洞"。

团结协作

红旗渠的成功修建,是林县上上下下团结协作的杰作。

林县广大党员干部坚持"干"字当头、勇做表率,和修渠工同吃、同住、同劳动,真正与群众风雨同舟、共克时艰。1960 年春,在红旗渠渠首拦河坝工程建设中,当坝体还有

在修渠过程中，崖壁上方常有松动的浮石落下，为保障修渠民工的人身安全成立了除险队，他们飞荡在险要的太行山腰，凌空作业处理浮石。今天，这已成为人们记忆中的经典画面与难忘瞬间。

★ 魏德忠 / 摄　红旗渠干部学院供图

10米宽的龙口尚未合龙、滔滔河水还在喷涌而出之际，为确保拦河坝整体顺利合龙，500多名共产党员、共青团员毅然跳进冰冷刺骨的激流中，臂挽臂拉起人墙，高唱《团结就是力量》，拦住了奔腾咆哮的水流。

修建红旗渠这项跨省跨县跨流域的引水工程，没有山西与河南的团结协作是不可能做到的。在红旗渠修建过程中，山西省平顺县沿渠大队的干部、群众不仅让出了近千亩耕地，砍掉了大批树木，腾出了200多间民房，还积极帮助林县修渠工找木材、办家具、筑锅灶，充分体现出讲团结、顾大局的集体主义精神。

无私奉献

"崖当房，石当床，虎口崖下度时光，我为后代创大业，不修成大渠不还乡。"修渠工写在渠道崖壁上的豪迈誓言，见证了张买江一家三代的奉献和坚守。

张买江的父亲张运仁是参加修渠的第一批民工，在1960年5月因被飞石击中头部不幸牺牲。次年，年仅13岁的少年张买江走上修渠工地，成为修渠大军中最小的建设者之一。后来，他的儿子张学义又接过接力棒，成为一名护渠人，带着父亲的嘱托日夜守护着红旗渠。在林县，像张买江家这样几代人奉献一条渠的故事还有很多。

"既然愚公能移山，我们修渠有何难，立下愚公移山志，决心劈开太行山。"从1960年2月红旗渠修建正式开工，到1974年8月全部竣工，10万林县儿女在党的领导下逢山开洞、遇沟架桥，以"狭路相逢勇者胜"的气魄，削平1250个山头，凿通211个隧洞，架设152座渡槽，在群峰壁立的太行山上建成了全长1500公里的"人工天河"。水来了，幸福也来了。红旗渠的建成从根本上改变了林县人民生产生活条件，创造出巨大的经济和社会效益，也因此被称为"生命渠"、"幸福渠"。

2019年9月，习近平总书记在河南考察时强调"焦裕禄精神、红旗渠精神、大别山精神等都是我们党的宝贵精神财富"，指出"要让广大党员、干部在接受红色教育中守初心、担使命，把革命先烈为之奋斗、为之牺牲的伟大事业奋力推向前进"。

薪火相传终有继，江山更待新宇开。红旗渠精神蕴含着中国人民刚健有为、坚韧不拔的信念，它不是特定年代才能产生的，也不只存在于林县这一个地方，而是充溢于大江南北、长城内外，在一代代建设者用智慧和汗水铸就的精神世界里生生不息。

"红旗渠精神永在！"社会主义是干出来的，新时代是奋斗出来的。新时代新征程，我们要大力弘扬红旗渠精神，从中国共产党人精神谱系中汲取不竭动力，保持踔厉奋发、笃行不怠的昂扬斗志，团结一心、埋头苦干，在新征程上再创佳绩、再立新功！

北大荒精神

"居功至伟垦荒人"

"不有天神下界，匠星临凡，天精地力，鬼斧神工，何能稍改其面庞。"

聂绀弩的这一曲《北大荒歌》，道出了北大荒非同一般的荒凉，垦荒之艰难由此可见一斑。

1947年，为响应毛泽东同志"建立巩固的东北根据地"的号召，人民军队一批立下卓越战功的军人，作为开拓先锋来到这片荒凉之地，点燃"第一把火"，拉动"第一把犁"，开启了"向地球开战，向荒原要粮"的伟大壮举。20世纪50年代以来，先后有14万转业复员官兵、10万大专院校毕业生、20万内地支边青年、54万城市知识青年接力加入，义无反顾

★ 图为复转官兵在北大荒开发建设
★ 新华社发（资料照片）

地投身于这场人类历史上伟大的拓荒。70多年来，几代北大荒建设者前仆后继、披荆斩棘，用汗水和热血把昔日偏僻苦寒的北大荒变成富饶美丽的"北大仓"，把昔日人迹罕至的莽莽荒原变成丰盈充沛的"中国饭碗"，以"艰苦奋斗、勇于开拓、顾全大局、无私奉献"的北大荒精神，谱写了人类拓荒史上可歌可泣的英雄史诗。

2018年9月25日，在北大荒精准农业农机中心一楼大厅，习近平总书记仔细端详墙壁上的老照片，指着全国劳动模范、新中国第一位女拖拉机手梁军的照片说，她就是壹元人民币上女拖拉机手的原型。"北大荒能有今天不容易啊！"习近平总书记感慨："真是居功至伟！"

★ 图为新中国第一位女拖拉机手梁军在驾驶拖拉机（1950年摄）
★ 新华社发

艰苦奋斗的底色

"早起三点半,归来星满天;啃着冻馍馍,雪花汤就饭;吃苦为人民,乐在苦中间。"这首当年流行的歌谣,是北大荒人艰辛创业的真实写照。北大荒虽沃野千里,但地处高寒,有的是荆棘丛生、沼泽泥潭,虫叮蚊咬、狼嚎熊咆,凄风冷雨、荒无人烟。面对无法想象的恶劣自然环境,万千垦荒人没有退却,他们满怀"一颗红心交给党,英雄解甲重上战场"的豪迈,自力更生、艰苦奋斗。没有住的地方,就砍木条打土坯建马架子住;没有农业机械,就排着长队喊着号子用人力拉;饿了掏把黄豆吃,渴了就喝堑沟水,蚊虫咬就用手拍……垦荒人以革命英雄主义的大无畏气概、革命乐观主义的战斗豪情,"边开荒、边生产、边建设、边积累、边扩大"。垦荒初期,这里年产粮只有 0.048 亿斤;2021 年,粮食总产达到 460 亿斤,可以为 1.6 亿中国人提供整整一年的口粮。

勇于开拓的法宝

勇于开拓,是北大荒人向荒原要粮食的精神法宝。不论是引入先进技术,还是发挥人才作用、改革生产体制,北大荒人始终走在时代前列,其精神火炬长明不熄。垦荒初期,新中国第一位女拖拉机手的鲜明形象,激励着无数青年为北大荒贡献青春力量。改革开放初期,北大荒人深刻认识到,垦区要发展,没有开拓精神不行,不解放思想更不行。垦区从技术革新入手,走出了一条中国特色的农业现代化探索之

七星农场现有耕地面积122万亩,其中水田105万亩,是北大荒集团水稻种植面积最大的农场,累计为国家贡献商品粮超过360亿斤。多年来,农场围绕"良种、良法、良田"开展实验示范,形成了一整套符合当地种植情况的寒地水稻栽培模式。

★ 图为七星农场寒地水稻高科技信息化园区一望无际的稻田
★ 党爱河 / 摄　来源:《求是》2020年第13期

路。从人拉犁杖、马拉播种机到拖拉机牵引大犁、卫星定位耕作、云计算技术精准管理,再到切实保护好黑土地这个"耕地中的大熊猫",北大荒人依靠开拓进取,在这片热土上不断创造出粮食增产、农业增效、农民增收的奇迹。

顾全大局的情怀

北大荒奉献给国家和人民的,不仅有金灿灿的粮食,还有"忧国之忧,急国之急"的一颗红心。从三年困难时期克服极大困难,勒紧腰带、节衣缩食,帮国家渡过难关,到1998年面对特大洪灾,为保临近地区平安,炸掉堤坝自淹家园,再到2003年非典期间驰援北京、2008年驰援汶川地震灾区、2020年驰援武汉抗击新冠疫情……只要国家有需要,就一定有北大荒人挺身而出的身影。近年来,为了保护生态环境、建设美丽中国,北大荒不惜损失经济效益,大力推进退耕还林、退耕还牧、退耕还草、退耕还湿。顾全大局的坚定信念,让北大荒人不讲条件、不计代价,永远急国家之所急、想国家之所想。

无私奉献的信念

北大荒的黑土地浸染着几代垦荒者的热血和汗水,也记录着他们的忠诚与奉献。他们之中,有人在开垦荒原时被茫茫无际的沼泽地吞噬,有人在异常严寒的环境中落下满身残疾,有人积劳成疾长眠在深爱的黑土地,有人为抢救国家财

2021年8月29日，黑龙江垦区江川农场有限公司的稻田中，自走式割晒机正在金色的稻浪里进行割晒作业。

★ 求是图片　刘帅冶/摄

产献出年轻的生命……无数垦荒者用理想信念和血肉之躯谱写了一曲英勇牺牲、无私奉献的英雄赞歌。

北大荒精神深深刻进了黑土地中，也烙印在中国共产党人的血脉里，彰显在为党和人民事业的不懈奋斗中。2016年5月，习近平总书记在黑龙江考察时指出："加强干部作风建设，黑龙江有不少有利条件，东北抗联精神、北大荒精神、大庆精神、铁人精神激励了几代人。今天，我们仍然要用这些精神来教育广大党员、干部，引导他们发扬优良传统，在全社会带头弘扬新风正气。"

70余年沧桑巨变，千古荒原早已成万顷良田，北大荒精神在奔流的历史长河中、在新时代的开拓者身上，闪耀着永恒的灿烂光芒。

塞罕坝精神

25

> **"荒原变林海的人间奇迹"**

塞罕坝意为"美丽的高岭",位于河北省最北部、内蒙古高原浑善达克沙地南缘。

新中国成立前夕,这里是荒漠沙地,"黄沙遮天日,飞鸟无栖树";如今,这里是漫漫绿洲,被称为"河的源头,云的故乡,花的世界,林的海洋"。

"改变当地自然面貌,保持水土,为减少京津地带风沙危害创造条件。"1962年,按照党中央部署,原国家林业部决定组建塞罕坝机械林场,来自全国18个省区市的127名大中专毕业生奔赴塞罕坝,与当地林场的242名干部职工一起,组成一支平均年龄不足24岁的创业队伍,开始了战天斗地的拓荒之路。60

年来，一代又一代塞罕坝人肩负"为首都阻沙源、为京津涵水源"的光荣使命，以坚韧不拔的斗志和永不言败的担当，伏冰卧雪、艰苦创业、甘于奉献，创造了荒原变林海的人间奇迹，铸就了"牢记使命、艰苦创业、绿色发展"的塞罕坝精神。

"大风起兮，沙尘漫天，草木凋枯，鸦无栖处，人迹罕至。"林场建设初期，塞罕坝气候恶劣、沙化严重、缺食少房、偏远闭塞，零下20℃以下的天气一年就有120天，极端最低气温达零下43.3℃，年平均温度零下1.3℃，年均积雪时间长达7个月，生产生活条件十分艰苦。

千难万难浑不怕，不绿塞罕终不还！塞罕坝人坚持"先治坡、后置窝，先生产、后生活"，顶风冒雪，垦荒植树，闯过一道道险隘难关，让绿色在高原荒漠生根蔓延。从"六

塞罕坝位于河北省承德市。塞罕坝林场的建设者们听从党的召唤，在"黄沙遮天日，飞鸟无栖树"的荒漠沙地上艰苦奋斗、甘于奉献，创造了荒原变林海的人间奇迹，用实际行动诠释了"绿水青山就是金山银山"的理念，是推进生态文明建设的一个生动范例。

★ 图为塞罕坝机械林场景色（2021年9月23日摄，无人机照片）
★ 新华社记者　金皓原／摄　　来源：《求是》2022年第4期

在塞罕坝机械林场，苗圃工人给松树苗浇水（资料照片）。
★ 新华社记者　佟德印/摄

女上坝"的无悔选择到望海楼夫妻几十年如一日的漫长守望，从爬冰卧雪石头缝里栽种树苗到起早贪黑顶风冒雨修枝防虫……凭着这股不畏艰辛、苦干实干的精气神，60 年来塞罕坝建设者在实践中不断摸索，攻克了一个又一个自然挑战和技术难关，总结出了一系列严格的技术规范，实现了"一次造林、一次成活、一次成林"，逐步绘成了从一棵树到一丛绿再到一片海的"绿进沙退"的美好画卷。

　　调查显示，近 30 年来，塞罕坝森林覆盖率增加了 25%，达到 82%，林地面积增加了 35.07 万亩，达到 115.10 万亩，成为世界上面积最大的人工林。林木总蓄积量由 33 万立方米增加到 1036 万立方米。繁茂森林有效阻止了风沙进入滦河和潮河等河流的上游地区，为京津冀地区构筑起一道防风固沙、涵养水源的绿色生态屏障。2017 年 12 月 5 日，塞罕坝林场建设者荣获联合国环保最高奖项——"地球卫士奖"。塞罕坝

尚海纪念林位于原马蹄坑造林会战区，以塞罕坝机械林场第一任党委书记王尚海命名。它不仅是塞罕坝百万亩人工林海的起源地，也是塞罕坝精神的发源地。

★ 图为塞罕坝机械林场的尚海纪念林（2021年8月23日摄）
★ 新华社记者　金皓原／摄

人不仅在高寒沙地上书写了一段绿色传奇，而且为我国探索出了一条生态优先、绿色引领的发展新路，创造了一个生态文明建设的范例。

荒原变成森林，森林换来绿水青山，绿水青山在无声无息中变成金山银山。塞罕坝林场在协调推进森林经营利用和保护培育、确保森林资源释放最大生态红利的同时，实现了从林业一业独大到林业与生态旅游等绿色产业并举的转变，其森林旅游、绿化苗木、风电、碳汇交易等绿色产业收入已超过林场收入的一半，成功走出了一条生态效益、经济效益和社会效益并重的绿色发展之路。

2017年8月，习近平总书记对塞罕坝林场建设者感人事迹作出重要指示：55年来，河北塞罕坝林场的建设者们听从党的召唤，在"黄沙遮天日，飞鸟无栖树"的荒漠沙地上艰苦奋斗、甘于奉献，创造了荒原变林海的人间奇迹，用实际行动诠释了"绿水青山就是金山银山"的理念，铸就了牢记使命、艰苦创业、绿色发展的塞罕坝精神。他们的事迹感人至深，是推进生态文明建设的一个生动范例。

2021年8月，习近平总书记在河北承德考察时再次赞扬这片林场的建设者："塞罕坝林场建设史是一部可歌可泣的艰苦奋斗史"，"你们用实际行动铸就了牢记使命、艰苦创业、绿色发展的塞罕坝精神，这对全国生态文明建设具有重要示范意义"。

从昔日的"高、远、冷"到如今的"绿、美、香"，塞罕坝林场建设是以习近平生态文明思想引领美丽中国建设的生动实践。塞罕坝人在一笔笔书写绿色传奇的伟大实践中用心血和汗水凝结出的塞罕坝精神，是成就塞罕坝奇迹的强大精神动力，是新时代践行绿色发展理念的鲜明路标。新征程上，我们要深入践行习近平生态文明思想，完整、准确、全面贯彻新发展理念，弘扬塞罕坝精神，持之以恒推进生态文明建设，厚植高质量发展的绿色底蕴，努力建设人与自然和谐共生的现代化美丽中国！

塞罕坝国家森林公园层林尽染，秋色如画（2021年9月28日摄）。
★ 求是图片　肖学平/摄

"两路"精神

> "世界屋脊的英雄赞歌"

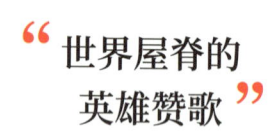

雪域高原、拉萨河畔，苍翠掩映之中，川藏青藏公路纪念碑巍然矗立。

这座纪念碑的背面篇首上书："建国之初，为实现祖国统一大业，增进民族团结，建设西南边疆，中央授命解放西藏，修筑川藏、青藏公路。"寥寥数语，勾勒出一场震撼世界的伟大进军。

治国必治边，治边先稳藏。1951年，西藏和平解放后，毛泽东同志向人民解放军发出进军西藏的伟大号令，并指示：一面进军，一面修路。人民解放军闻令而动，与四川、青海等地的各族群众及工程技术人员一起，组成一支11万人的筑

1951年10月26日，人民解放军进入拉萨，受到藏胞夹道欢迎。

★ 西藏日报社供图

路大军，浩浩荡荡挺进茫茫雪域。在没有一张完整地图、没有任何地质水文资料的情况下，筑路大军怀着"把五星红旗插到喜马拉雅山上"的坚定信念，齐心协力征服重重天险，终于在1954年建成了总长4360公里的川藏公路（原称"康藏公路"）、青藏公路。这两条旷世奇路的成功铺就，在生命禁区架起了西藏文明进步的"巍巍金桥"，实现了西藏公路从无到有的历史性转变，创造了人类筑路史上的伟大奇迹。

2014年8月，在川藏公路、青藏公路（简称"两路"）建成通车60周年之际，习近平总书记作出重要批示，精准凝练地概括了"一不怕苦、二不怕死，顽强拼搏、甘当路石，军民一家、民族团结"的"两路"精神，强调新形势下要继续弘扬"两路"精神，养好两路，保障畅通，使川藏、青藏公路始终成为民族团结之路、西藏文明进步之路、西藏各族同胞共同富裕之路。

"一不怕苦、二不怕死"的英雄气概

川藏公路堪称地质灾害的"博物馆"，沿线多高山峡谷、激流险滩，地震、滑坡、泥石流、沼泽、雪崩等灾害频发；青藏公路要跨越平均海拔4000米以上的青藏高原，筑路人时刻面临高寒、缺氧、辐射强、多年冻土不化等恶劣条件。路不修成，绝不罢休！被称为"青藏公路之父"的慕生忠将军以身作则、以字明志，在铁锹把上毅然刻下"慕生忠之墓"几个字，以大无畏的革命精神带领千名官兵克服困难，勇敢向前。在雀儿山工地，战士张福林被一块巨石砸中，献出年仅25岁的生命。十八军162团一个排的18名战士在怒江沟

1954年12月，拉萨举行康藏（今川藏）、青藏两条公路通车典礼。
★ 西藏日报社供图

炸山开路，一个又一个被炸出的飞石击倒，待完成任务时只剩下排长一人。悲伤不已的排长纵身跳入奔腾的怒江，追随战友而去……

牺牲成就伟业，奋斗铸就辉煌。筑路大军以"为有牺牲多壮志，敢教日月换新天"的勇气，凭意志开山破土，用身躯筑路奠基，书写了"三千志士英勇捐躯，一代业绩永垂青史"的豪迈篇章。

"顽强拼搏、甘当路石"的斗争意志

"两路"建设初期，中国尚一穷二白、国力薄弱，物资和技术匮乏是摆在面前的巨大困难。同时，由于地处偏远，运送补给十分不便，筑路人的物资供应时常陷入极端困难的境地，只能风餐露宿、饮冰卧雪。施工工具极为缺乏，筑路人只能用铁锤、铁锹、钢钎、镐头等简陋工具穿山凿石。由于图纸缺乏，为寻找一条理想的路线，经常要在崇山峻岭中跋涉数天。

"把修好的路留给别人，把没有路的地方留给自己。"正是在"甘当路石"的精神支撑下，筑路部队53师喊出了"让高山低头，叫河水让路"的口号，鼓舞战士们在艰难险阻面前"劈山填海，飞架长虹"。他们以"铁山也要劈个半"的豪迈气魄，不屈不挠，攻克了一座座大山，在极为艰苦的环境中创造了一个又一个奇迹。

曾经被人视为"乱石纵横，人马路绝"的拉萨，1949年之前没有一条像样的公路和桥梁，主要靠牦牛驮运物资。如今，四通八达的空陆运输网已在拉萨形成。今日的拉萨已成为西藏交通枢纽，川藏、青藏、中尼公路干线交会于此，新藏、滇藏等多条干线与支线公路相连接。宽敞的道路、规范的交通管理，正促进着拉萨经济和各项社会事业快速发展。

★ 西藏日报社供图

"军民一家、民族团结"的优良传统

在"两路"修筑过程中，中央要求入藏部队以人民群众利益为重，坚决做到"进军西藏，不吃地方"，不能向群众大量采购粮食，以避免物价上涨引起波动，要充分尊重少数民族同胞的历史、文化、宗教信仰，以促进军民团结、民族团结。进藏以后，筑路部队严格执行指示，宁肯忍饥挨饿也不随便吃百姓的粮食，还为了加强和藏族群众的交流而努力学习藏文。为了让西藏人民感受现代生活方式，驻藏部队事无巨细地帮助藏族群众解决生活方面的困难。

真心得以换真心，筑路部队的实际行动得到了广泛的认可和拥护。川、青、藏省区的藏族人民逐步打破民族内部的封建阻隔，投身到"两路"建设中。来自四川甘孜州的6000头牦牛成为第一批支援物资，17000名藏族同胞为川藏公路建设挥洒了青春与热血。

初心不忘，精神不朽，拼搏不止。60多年来，藏汉人民坚持传承和发扬"两路"精神，为打通西藏交通、助力西藏发展不懈奋斗。唐古拉山"天下第一道班"、雅江县八角楼养护站、四川雀儿山五道班等川藏兵站部的几代官兵坚持以路为家、忠于职守，克服种种困难，凭着坚强的毅力和意志，构筑起打不垮、冲不断、砸不烂的钢铁运输线。有的工人甚至是家里几代人坚守在川藏公路上，用热血和生命保障着高原天路的常年全线畅通。

昔日，川藏、青藏公路被藏族人民称作"幸福的金桥"、"吉祥的彩虹"；如今，众多"金桥"、"彩虹"如格桑花般在西藏大地上绽放，当地群众生活不断迈上新台阶。高原人民同全国人民一起行进在全面建设社会主义现代化国家的新征程上。

拉林铁路历时6年多建成,于2021年6月25日正式通车。这是中国首条高原电气化铁路,它结束了藏东南地区不通铁路的历史。复兴号高原内电双源动车组同步投入运营,历史性地实现了复兴号对31个省区市的全覆盖。

★ 求是图片　焦宏涛 / 摄

"两路"精神生生不息、历久弥新。在实现第二个百年奋斗目标的新征程上,践行好、发扬好"两路"精神,逢山开路、遇水架桥,敢于牺牲、勇于奉献,我们就一定能不断创造新业绩、铸就新辉煌。

老西藏精神
（孔繁森精神）

"雪域高原铸丰碑"

缺氧不缺精神，艰苦不怕吃苦，海拔高境界更高！

西藏，是重要的国家安全屏障和生态安全屏障。和平解放前的西藏，是一个黑暗、落后的政教合一的封建农奴制社会，百万农奴在极端贫困中苦苦挣扎。"坚决把五星红旗插上喜马拉雅山，让幸福的花朵开遍全西藏。"1950年3月，以中国人民解放军第十八军为主力的进藏部队，遵照党中央"一面进军，一面修路，一面进军，一面建设"的指示，既当"战斗队"又当"生产队"，既当"工作队"又当"宣传队"，克服重重困难胜利进藏，最终完成了和平解放西藏的历史使命。

克松村位于西藏自治区山南市乃东区。1959年西藏民主改革时,克松村是第一个进行民主改革的村子,因此被称为"西藏民主改革第一村"。

★ 上图:今日克松社区全景　新华社记者　晋美多吉/摄
★ 下图:西藏民主改革时的克松村　中国西藏文化保护与发展协会供图
★ 来源:《求是》2019年第7期

山高谷深、交通闭塞、高寒缺氧、险阻重重，面对极端恶劣的自然环境和生存条件。在中国共产党的坚强领导下，一代代驻藏部队官兵、援藏调藏干部踏着革命先烈的足迹，和西藏各族干部群众一道艰苦奋斗，推进美丽幸福新西藏建设，在雪域高原留下了感天动地、传唱不绝的动人故事，孕育传承了"特别能吃苦、特别能战斗、特别能忍耐、特别能团结、特别能奉献"的"老西藏精神"。

70多年来，数以万计的党政干部、医生、教师、军人、科技和文化工作者奔赴西藏，发扬"老西藏精神"，舍小家顾大家，克服常人难以想象的困难，忍受常人难以忍受的艰辛，脚踏高原矢志奋斗，扛起了建设西藏、巩固边疆的大旗，为西藏的繁荣发展作出了不可磨灭的贡献。

"远征西涯整十年，苦乐桑梓在高原。只为万家能团圆，九天云外有青山。"援藏干部孔繁森生前留下的这一诗篇，生动概括了他在高原的工作状态。在藏10年，从援藏到调藏，他始终坚守"一个共产党员爱的最高境界是爱人民"的坚定信念，为西藏的发展呕心沥血，倾尽所有。1994年，孔繁森出差途中因车祸不幸殉职，年仅50岁。2018年12月，党中央、国务院授予孔繁森改革先锋称号，称他为"党员领导干部的楷模"。

孔繁森的为民情怀和感人故事在中国大地广为传颂，激励着更多党员、干部接过援藏的接力棒，扎根边疆、以藏为家，淡泊名利、不惧生死，不断为"老西藏精神"增添新的注脚。"我将矢志不渝地把余生献给西藏建设事业。"来自上海复旦大学的援藏教师钟扬艰苦援藏16年，足迹遍布西藏最偏远、最艰苦的地区，为西部少数民族地区的人才培养、学科建设和科学研究作出了重要贡献。秉持"家是玉麦、国是中国"的坚定信念，"高原最美格桑花"卓嘎、央宗姐妹数十年如一

在西藏工作期间,孔繁森(左)辅导藏族儿童读书。
★ 新华社发(资料照片)

西藏地区生产总值增长示意图

(亿元)

	1959年	1965年	1978年	1989年	1999年	2009年	2018年
	1.74	3.27	6.65	21.86	105.98	441.36	1477.63
第一产业	1.28	2.32	3.37	10.04	34.25	63.88	130.03
第二产业	0.22	0.22	1.84	2.84	23.86	136.63	627.99
第三产业	0.24	0.73	1.44	8.98	47.86	240.85	719.61

西藏地区人口增长示意图

人均预期寿命大幅提高，达到68.2岁，人口由1959年的122.8万人增长到2018年的343.82万人。

历年人口数（年末总人口/万人）

1959年	122.8
1965年	137.12
1998年	251.54
1999年	255.51
2000年	259.83
2001年	263.55
2002年	268.24
2003年	272.16
2004年	276.35
2005年	280.31
2006年	285.08
2007年	288.83
2008年	292.33
2009年	295.84
2010年	300.22
2011年	303.3
2012年	307.62
2013年	312.04
2014年	317.55
2015年	323.97
2016年	330.54
2017年	337.15
2018年	343.82

短短几十年，跨越上千年。西藏民主改革以来，全区各项事业取得辉煌成就，谱写了革命、建设、改革的壮美篇章。

★ 图为民主改革60年西藏地区生产总值和人口增长示意图

★ 数据来源：西藏自治区统计局　孙彤／制图

★ 来源：《求是》2019年第6期

2021年8月19日，西藏各族各界干部群众2万多人欢聚在拉萨布达拉宫广场，热烈庆祝西藏和平解放70周年。

★ 新华社记者 孙瑞博/摄

日以抵边放牧、巡逻的方式守护数千平方公里的国土，国旗挂遍她们走过的每一条路，以一片丹心践行了"再苦再累也要守好祖国的每一寸土地"的承诺……

2013年3月9日，习近平总书记在参加十二届全国人大一次会议西藏代表团审议时提到"老西藏精神"，希望西藏各族干部群众大力弘扬"老西藏精神"，发愤图强，乘势而上，坚定不移走有中国特色、西藏特点的发展路子。

2015年8月24日，在中央第六次西藏工作座谈会上，习近平总书记再次强调"老西藏精神"的重要性，指出在高原上工作，最稀缺的是氧气、最宝贵的是精神，要求广大党员、干部发扬优良传统，不断为"老西藏精神"注入新的时代内涵。

2020年8月28日至29日，在中央第七次西藏工作座谈会上，习近平总书记又一次强调，"广大干部特别是西藏干部要发扬'老西藏精神'，缺氧不缺精神、艰苦不怕吃苦、海拔高境界更高，在工作中不断增强责任感、使命感，增强能力、锤炼作风"。

2021年7月21日至23日，在西藏考察时，习近平总书记向全体驻藏将士发出号召："要贯彻新时代党的强军思想，贯彻新时代军事战略方针，大力发扬'老西藏精神'，全面加强练兵备战工作，为推进西藏长治久安和繁荣发展积极贡献力量。"总书记叮嘱新一代的援藏干部："你们在高原上，精神是高于高原的。这个事情必须一茬接一茬、一代接一代干下去。"

"援藏精神是中国共产党的一个崇高精神，是中国特色社会主义的一个显著优势。"在奋进新征程、建功新时代的今天，"老西藏精神"必将迸发出更加灿烂的光芒，引领西藏干部群众创造新的更大辉煌！

西迁精神

> "到祖国最需要的地方建功立业"

向科学进军，建设大西北！

一张薄薄的乘车证，静静地陈列在交大西迁博物馆里。乘车证的左上角是高楼和书桌的图案，右下角是一辆疾驰的列车。上方的一行字格外引人注目："向科学进军，建设大西北！"

20世纪50年代，数千名胸怀爱国之志的交通大学师生，坚决响应党和国家的号召，义无反顾地背起行囊，告别繁华的上海，来到古都西安，在一片原野麦田中拉开了扎根西部的序幕。

这是新中国高等教育史上的一次壮举，是爱国的高校师生员工们建设西北的一次伟大征途。他们中除了学生，还有著名的教育家、教授，有讲师、助教、管理职员、技术员，有炊事员、理发师、花工等后勤服务人员，甚至还有酱菜厂、煤球厂的工人师傅们。

★ 图为1956年交大师生西迁时所使用的乘车证，正面印有"向科学进军，建设大西北！"的字样（资料照片）

★ 西安交通大学党委宣传部供图

"祖国的需要就是我们的志愿，祖国每一块土地都是我们安家的地方。我们全班30位同学向党宣誓：我们不但要安心愉快地迁往西安，而且将以更大的决心，更坚强的意志向科学堡垒进军！"这封交大电制56班全体同学致时任校长彭康的信，充分体现了莘莘学子投身西部、到祖国最需要的地方去的热情和决心。

当时交大老师的籍贯大多在江浙一带，生源地也以南方各省为主，他们长期生活在雨水充沛、气候湿润、四季如春的江南地区。迁校之初，呈现在他们眼前的是一幅从未见过的景象：马路不平、电灯不亮，晴天扬灰路，雨天水泥街，毛竹搭建的草棚大礼堂冬冷夏热、顶棚透光……

但是，艰难困苦阻挡不了西迁拓荒者创业创新的坚定信念。面对重重困难，广大"西迁人"没有退缩，而是展现出冲天干劲。来自四面八方的几千名工人在一年内就完成了十几万平方米的新校园建设任务，还将200多节火车车厢的物资运到西安，大到仪器设备，小到一个教具，都无一损伤。1956年9月，待到包括815名教职工、3900余名学生在内

\ 西迁精神 / 205

★ 图为西迁后的交通大学校园一景（1959年摄，资料照片）
★ 西安交通大学党委宣传部供图

的6000多名交大人会聚西安时，新校园已经拔地而起。新交大的科研事业迅速展开，不长的时间便取得国内科研多个第一，为西部发展奠定了深厚扎实的基础。

著名工程热物理学家陶文铨院士扎根西安60余载，桃李满天下，他培养的100多名硕士、博士如今大多数在国内工作，为国家建设贡献了重要力量；陈学俊院士随西迁而来的60余年中，瞄准世界前沿和国家需要，攻坚克难、潜心钻研，筹建了中国高校第一个工程热物理研究所，组建了中国第一个动力工程多相流国家重点实验室，为国家培养了大批科研人才……

"一身本领投伟业，一寸赤心惟报国。"60多年来，一代又一代"西迁人"始终秉承爱党、爱国、爱人民的高尚情怀，把自己的理想、前途和国家的命运紧密相连，到祖国最需要的地方建功立业，用奋斗和汗水在西北建设起一所著名的高等学府，孕育出"胸怀大局、无私奉献、弘扬传统、艰苦创业"的西迁精神。这是中国共产党人精神谱系中知识分子群体爱国奋斗的时代坐标，激励着一代代知识分子忠于祖国人民、担当责任使命，书写新的时代答卷。

2017年12月，习近平总书记对西安交大老教授的联名来信作出重要指示："希望西安交通大学师生传承好西迁精神，为西部发展、国家建设奉献智慧和力量。"在2018年新年贺词中，习近平总书记再次为西安交大西迁的老教授点赞，"他们的故事让我深受感动"。

2020年4月22日，在陕西考察的习近平总书记来到西安交通大学，走进交大西迁博物馆，参观交大西迁的创业历

西安交通大学校园里有一条著名的梧桐大道，这些梧桐树是60多年前西迁时从南方运来栽种的，如今已长成参天大树。

★ 图为经历过20世纪50年代交大西迁的部分师生行走在梧桐大道上（2015年11月19日摄）

★ 西安交通大学党委宣传部供图

\ 西迁精神 / 207

★ 图为交大西迁博物馆外景
★ 西安交通大学党委宣传部供图

程和辉煌成就展,亲切会见了14位西迁老教授。总书记指出,"西迁精神"的核心是爱国主义,精髓是听党指挥跟党走,与党和国家、与民族和人民同呼吸、共命运,具有深刻的现实意义和历史意义。总书记勉励广大师生大力弘扬"西迁精神",抓住新时代新机遇,到祖国最需要的地方建功立业,在新征程上创造属于我们这代人的历史功绩。

"为了祖国,为了党,决不吝惜自己的一切力量。我们誓用勤劳而智慧的双手,从祖国的边疆到边疆,自滚滚的黄河到宽阔的长江,掀起一个震撼世界的建设海洋!"1956年西迁伊始,一位交大学生这样抒发豪迈心声。

西迁已成历史,但前行永不止步。在新的历史征程上,传承好西迁精神,把爱国之情、报国之志融入祖国改革发展的伟大事业之中、融入人民创造历史的伟大奋斗之中,我们一定能创造属于新时代的新业绩,不负人民期望、不辱时代使命!

王杰精神

"一不怕苦、二不怕死"

"王杰的枪我们扛,王杰的歌我们唱,一不怕苦、二不怕死,一心为革命,永远跟着党……"

这首雄壮嘹亮的歌曲,饱含着战士对祖国的无限忠诚,彰显着军人对使命的铁血担当,50多年传唱至今。

穿越历史的时空,英雄王杰的名字在人们心中依然清晰。

王杰,1942年出生在山东省金乡县。听着黄继光、董存瑞等战斗英雄故事成长的王杰,从小就崇尚英雄。1961年8月,他积极响应党和国家的号召应征参军入伍,成为一名光荣的中国人民解放军战士。入伍后,他严格要求自己,刻苦训练,

★ 图为王杰像
★ 新华社发

连续3年被评为"五好战士",两次荣立三等功,还被授予"模范共青团员"和"一级技术能手"称号。

当兵4年,王杰写下了300多篇、总计超10万字的心得日记。日记中的一句句话,真实记录下了这位年轻士兵不同寻常的思想境界。

——什么是理想？革命到底就是理想。什么是前途？革命事业就是前途。什么是幸福？为人民服务就是幸福。

——为了党，我不怕进刀山入火海；为了党，哪怕粉身碎骨我也甘心情愿。

——当兵是为人民、为党、为祖国而来的，不管任何工作，党指到哪里就冲到哪里，就是需要献上青春也没有怨言。

——在荣誉上不伸手，在待遇上不伸手，在物质上不伸手。

——我们要"一不怕苦、二不怕死"，做一个大无畏的人。

……

王杰是这么写的，也是这么做的。1965年7月，他在组织民兵训练时突遇炸药包意外爆炸。危急关头，他纵身一跃，挽救了12人的生命，自己却壮烈牺牲。他用短短23岁的生命践行了他"'一不怕苦、二不怕死'，做一个大无畏的人"、"不怕工作苦和累，愿把青春献人民"的铿锵誓言。

当年，在听取关于王杰事迹的汇报后，毛泽东同志为他豪迈题词："一不怕苦、二不怕死。"

王杰牺牲后，《人民日报》等各大媒体相继报道了他的事迹，刊发了10余万字的《王杰日记》。中国人民解放军总政治部、全国总工会、共青团中央、全国妇联先后发出通知，号召全国军民向王杰学习，各行各业都掀起了向王杰学习的

2017年12月13日，习近平总书记与"王杰班"战士亲切座谈，并在2019年1月21日给该班全体战士回信，勉励他们好好学习、坚定信念、苦练本领、再创佳绩。

★ 图为陆军某部"王杰班"官兵传承"两不怕"精神，在海训场刻苦锤炼打赢本领

★ 赖桥泉/摄　来源：《求是》2021年第15期

热潮。1965年，王杰生前所在的班被命名为"王杰班"。2009年，王杰被评为"100位新中国成立以来感动中国人物"。

在王杰生前所在连的荣誉室，一张张照片记录着王杰的成长历程，一篇篇日记折射出英雄的崇高精神，一面面锦旗承载着党和人民对英雄的赞誉褒奖。2017年12月13日，习近平总书记来到了这里。在详细了解了王杰的事迹后，他动情地说："我小时候就知道王杰的故事，王杰是我心目中的英雄！""王杰'在荣誉上不伸手，在待遇上不伸手，在物质上不伸手'，这'三不伸手'是一面镜子，共产党员都要好好照照这面镜子。一不怕苦、二不怕死是血性胆魄的生动写照，

78岁的徐汝明，是王杰烈士的生前战友，担任过"王杰班"第三任班长。党史学习教育开展以来，他巡回到学校、社区宣讲党的辉煌历史、革命先烈故事，受众达5000多人。

★ 图为2021年10月13日，江苏省徐州市鼓楼区关工委"五老"宣讲员徐汝明（中）在徐州市王场小学给学生讲王杰烈士的故事

★ 求是图片　蒯创／摄

★ 图为陆军第 71 集团军某合成旅王杰生前所在连官兵组织党员重温入党誓词（2018 年 12 月 14 日摄）

★ 白俊峰／摄　新华社发

要成为革命军人的座右铭。王杰精神过去是、现在是、将来永远是我们的宝贵精神财富，要学习践行王杰精神，让王杰精神绽放新的时代光芒。"

2019 年 1 月，习近平总书记给"王杰班"全体战士回信，勉励他们"好好学习、坚定信念、苦练本领、再创佳绩，努力做新时代的好战士，在人民军队的大熔炉中书写火热的青春篇章"。

精神的力量是无穷的。"模范共产党员"、援藏干部孔繁森生前为扶贫济困倾尽全力，将工资中的大部分用来帮助有困难的群众，一家人生活得却十分清贫；老英雄张富清在祖国需要时冲锋陷阵、九死一生，但在和平时期却选择深藏功名、默默奉献，从不向组织提任何要求……不论时代怎样变迁，王杰的"三不伸手"精神始终在一代代共产党人身上闪闪发光。

战斗精神的核心就是不怕苦、不怕死。习近平总书记多

\ 王杰精神 ／　215

次强调，无论什么时候，"一不怕苦、二不怕死"的战斗精神都不能丢。在党、国家、人民需要的时刻，军队就是要有这股劲、这种精神。党的十八大以来，人民军队大力弘扬王杰精神，涌现出一大批"一不怕苦、二不怕死"的英雄模范人物：联合国维和任务中用生命捍卫忠诚与和平的申亮亮、李磊、杨树朋，边境扫雷行动中向身旁战友喊出"你退后，让我来"的杜富国，为捍卫祖国领土主权血战到底的祁发宝、陈红军、陈祥榕、肖思远、王焯冉……他们用生命践行使命，以赤胆忠诚和满腔热血诠释了大无畏的英雄气概，赢得了党的信任、人民的赞誉。

天地英雄气，千秋尚凛然。"一不怕苦、二不怕死"，一个响亮的口号，一种永不褪色的精神，激励着我们在新时代的征途上阔步前进！

改革开放精神

> "当代中国人民最鲜明的精神标识"

"改革不停顿、开放不止步"

1978年隆冬,一场为期5天的划时代会议,在北京京西宾馆召开。如同春雷唤醒大地,党的十一届三中全会作出了把党和国家工作重心转移到经济建设上来、实行改革开放的历史性决策,实现了新中国成立以来党的历史上具有深远意义的伟大转折。

2012年12月初,党的十八大闭幕不久,习近平总书记第一次出京考察,就选择了在我国改革开放中得风气之先的广东,发出了"改革不停顿、开放不止步"的号召。

2013年11月,党的十八届三中全会通过《中共中央关于全面深化改革若干重大问题的决定》，16个部分、60项具体任务、336项重大举措，对经济体制、政治体制、文化体制、社会体制、生态文明体制、国防和军队改革和党的建设制度改革作出了全面部署。

40多年的改革开放之路上，党的十一届三中全会是划时代的，开启了改革开放和社会主义现代化建设新时期；党的十八届三中全会也是划时代的，实现改革由局部探索、破冰突围到系统集成、全面深化的转变，开创了我国改革开放新局面。

"满眼生机转化钧，天工人巧日争新。"从开启新时期到跨入新世纪，从站上新起点到进入新时代，沿着改革开放这条"必由之路"，我们党带领人民以一往无前的进取精神和波

2018年11月13日，"伟大的变革——庆祝改革开放40周年大型展览"在国家博物馆开幕。

★ 图为观众们在"大美中国"影像长廊边走边看
★ 宁颖/摄　来源：《求是》2019年第2期

澜壮阔的创新实践，让改革开放的大潮在神州大地上奏响激扬的乐章，极大地改变了中国的面貌、中华民族的面貌、中国人民的面貌、中国共产党的面貌。

一组组数据记录着这翻天覆地的变化：

——1978年，我国的经济总量仅占全球的1.8%；如今，我国经济总量突破120万亿元，稳居世界第二位。

中国市场是世界的市场、共享的市场、大家的市场。2021年5月，首届中国国际消费品博览会在海南举办。这一活动既有利于世界各国共享中国市场机遇，有利于世界经济复苏和增长，也有利于中国为世界提供更多优质消费品。

★ 图为在海南省海口市日月广场的海控全球精品免税城，游客们选购免税商品（2021年10月30日摄）

★ 求是图片　王程龙／摄　　来源：《求是》2022年第2期

——1978年，中国人均GDP为385元人民币；如今，人均GDP跨过1万美元大关，步入中高收入国家行列。

——1978年，贫穷是大多数中国人共同面对的难题；如今，历史性地解决了绝对贫困问题，在中华大地上全面建成小康社会。

……

时间回荡着历史足音，时间印刻着前进足迹。改革开放和社会主义现代化建设的伟大成就举世瞩目，中国实现了从生产力相对落后到经济总量跃居世界第二的历史性突破，实现了人民生活从温饱不足到总体小康、全面小康的历史性跨越。中国大踏步赶上了时代的步伐！

党的十八大以来，以习近平同志为核心的党中央领导全党全军全国各族人民砥砺前行，全面建成小康社会目标如期实现，党和国家事业取得历史性成就、发生历史性变革，彰显了中国特色社会主义的强大生机活力，党心军心民心空前凝聚振奋，为实现中华民族伟大复兴提供了更为完善的制度保证、更为坚实的物质基础、更为主动的精神力量。实践充分表明，改革开放是我们党的一次伟大觉醒，正是这个伟大觉醒孕育了我们党从理论到实践的伟大创造；改革开放是中国人民和中华民族发展史上的一次伟大革命，正是这个伟大革命推动了中国特色社会主义事业的伟大飞跃！

"改革开放是党和人民大踏步赶上时代的重要法宝，是坚持和发展中国特色社会主义的必由之路，是决定当代中国命运的关键一招，也是决定实现'两个一百年'奋斗目标、实现中华民族伟大复兴的关键一招。"在2018年举行的庆祝改革

★ 图为进博会场馆——国家会展中心（上海）的南广场（2020年10月31日摄）

★ 中国国际进口博览局供图　来源：《求是》2020年第22期

开放40周年大会上，习近平总书记深刻指出："改革开放铸就的伟大改革开放精神，极大丰富了民族精神内涵，成为当代中国人民最鲜明的精神标识！"

从"实践是检验真理的唯一标准"到"冲破思想观念的障碍、突破利益固化的藩篱"，从包产到户的"星星之火"、经济特区"杀出一条血路"到"敢于啃硬骨头，敢于涉险滩"，从打开国门搞建设、摆脱被开除"球籍"的危险到形成更大范围、更宽领域、更深层次对外开放格局……正是凭借伟大的改革开放精神，我们党带领人民冲破层层阻碍，攻克重重难关，谱写了一曲感天动地、气壮山河的奋斗赞歌。

从农村到城市、从沿海到内地、从经济领域到其他领域、从国内改革到对外开放……改革开放大潮从历史深处喷薄而来，向民族复兴澎湃而去；伟大改革开放精神跨越时空、历久弥新，既与中华民族的变革和开放精神一脉相承，更在40

多年的伟大奋斗中淬炼升华、辉映时代、深入人心。

  伟大改革开放精神，是中国人民风雨无阻、高歌猛进的根本力量，是激励新时代改革开放再出发、更好坚持和发展中国特色社会主义的强大精神动力。立足新发展阶段、贯彻新发展理念、构建新发展格局、推动高质量发展，必须始终焕发改革者、奋斗者的精气神，以更大的政治勇气和智慧，坚持摸着石头过河和加强顶层设计相结合，不失时机、蹄疾步稳深化重要领域和关键环节改革，更加注重改革的系统性、整体性、协同性，提高改革综合效能；统筹发展和安全、效率和公平、活力和秩序、国内和国际，坚定不移地推进高水平对外开放，推动规则、规制、管理、标准等制度型开放，不断增强我国国际经济合作和竞争新优势。

以开放促改革、促发展，我国现代化建设不断取得新成就。

★ 图为2022年11月23日，海航技术旗下大新华飞机维修服务有限公司的机务维修人员对进境飞机进行检修。这是海南自贸港一站式飞机维修产业基地投入运营以来承接的首单进境飞机发动机更换业务

★ 新华社发　　来源：《求是》2023年第2期

莫道前路多险阻,再闯关山万千重。在伟大改革开放精神指引下,继续以逢山开路、遇水架桥的坚毅和勇气,坚定不移深化改革、扩大开放,我们必将在新时代创造中华民族新的更大奇迹,创造让世界刮目相看的新的更大奇迹!

特区精神

> "勇当新时代的'拓荒牛'"

"一九七九年,那是一个春天,有一位老人在中国的南海边画了一个圈……"这一首《春天的故事》传唱着中国实行改革开放、兴办经济特区的伟大创举。

从 1980 年的深圳、珠海、汕头、厦门到 1988 年的海南,一个个经济特区相继建立,改革春潮涌动在神州大地。一代代特区建设者披荆斩棘、艰苦创业,将昔日落后的边陲小镇、荒滩渔村建成繁华的现代化城市,也因此铸就了"敢闯敢试、敢为人先、埋头苦干"的特区精神。

2021年7月13日,在海南省史志馆,参加暑期公益夏令营的孩子们由家长陪同参观海南发展成就展。

★ 求是图片 张茂/摄

在引领新时代全面深化改革开放的更为波澜壮阔的航程中,习近平总书记多次强调要发扬好特区精神,激励干部群众勇当新时代的"拓荒牛",永葆"闯"的精神、"创"的劲头、"干"的作风,努力续写更多"春天的故事",努力创造让世界刮目相看的新的更大奇迹。

深圳市委大院门口有一座著名的"拓荒牛"雕塑,它低头拱背、奋力向前,正是特区精神的生动象征。

兴办经济特区,是党和国家为推进改革开放和社会主义现代化建设进行的伟大创举。1979年4月,广东省委负责人向中央领导同志提出兴办出口加工区、推进改革开放的建议。邓小平同志明确指出,还是叫特区好,中央可以给些政策,你们自己去搞,杀出一条血路来。同年7月,党中央、国务

兴办经济特区，是党和国家为推进改革开放和社会主义现代化建设进行的伟大创举。

★ 图为深圳市深南大道的"拓荒牛"雕像（2020年10月12日摄）
★ 新华社记者　梁旭/摄　来源：《求是》2021年第17期

院批准广东、福建两省实行"特殊政策、灵活措施、先行一步"，并试办出口特区。

在党中央的统筹部署下，1980年，深圳、珠海、汕头、厦门4个经济特区成立；1988年，中国最大的经济特区——海南经济特区设立。一幅幅波澜壮阔的改革开放画卷由此展开。

习近平总书记曾深情回忆这段往事："1985年，我来到厦门工作，当时是到这里来担任副市长，那天正好是我32岁生日。"

作为厦门经济特区初创时期的领导者、拓荒者、建设者，习近平同志与广大经济特区建设者并肩奋斗，推动了厦门一系列改革开放探索实践：领导编制地方政府中最早的纵跨15年的经济社会发展战略，为厦门谋长远发展之道；参与厦门

★ 图为福建省厦门市的集美园博苑及周边建筑景观（2022年2月24日摄，无人机照片）

★ 求是图片　周古凯/摄

航空的组建和初创,为特区的对外开放插上翱翔的翅膀;推动税利分流改革,令陷入发展窘境的老国企焕发新活力;大刀阔斧推行机构改革,在全国率先实行大部委制,简化企业审批、放权给企业。

"如今,海风海浪依旧,厦门却已旧貌换新颜。"2017年9月3日,金砖国家领导人厦门会晤时,习近平总书记回首厦门经济特区的发展历程,感慨万千。

从"杀出一条血路"到"走出一条新路",从"开山第一炮"到南下弄潮的"闯海人",无数"拓荒牛"般的特区干部群众,逢山开路、遇水架桥、大胆探索,用智慧、勇气和汗水干出了一片新天地。

"却顾所来径,苍苍横翠微。"深圳、珠海、汕头三大经济特区地区生产总值占广东省比重从1980年的6.4%提高到2019年的30.7%;厦门地区生产总值从1980年的仅6亿多元到2020年突破6000亿元大关,实现近千倍的跨越;作为全国最大经济特区的海南,正加速推进自贸港建设。

2021年9月6日,《全面深化前海深港现代服务业合作区改革开放方案》发布,深圳市前海合作区总面积由14.92平方公里扩展至120.56平方公里。《方案》的出台,为前海这个"特区中的特区"更上层楼,擘画了崭新前景。

前海,正是新时代经济特区改革发展的一个生动缩影。

党的十八大以来,习近平总书记始终关心经济特区的改革发展,多次来到经济特区考察调研,亲自谋划、亲自部署、亲自推动粤港澳大湾区、深圳中国特色社会主义先行示范区和海南自由贸易港的建设,赋予经济特区新的重大使命,为新时代中国改革开放再出发擘画宏伟蓝图、注入强大动力。

2012年12月7日,党的十八大后习近平总书记首赴地方考察,第一站就来到深圳前海。总书记说:"这次调研之所以

前海深港现代服务业合作区坚持"依托香港、服务内地、面向世界",致力于发展成为改革创新的高地、对外开放的枢纽、创业奋进的热土。

★ 图为深圳前海
★ 深圳市前海管理局供图　丘根茂/摄　来源:《求是》2022年第8期

到广东来,就是要到在我国改革开放中得风气之先的地方,现场回顾我国改革开放的历史进程,将改革开放继续推向前进。"

2018年10月24日,在改革开放迎来40周年之际,习近平总书记又一次来到前海,同前海建设者和见证者代表同话沧桑巨变,指出"实践证明,改革开放道路是正确的,必须一以贯之、锲而不舍、再接再厉"。

高举新时代改革开放旗帜,发扬特区精神,如今的前海树影婆娑、绿草如茵、高楼林立,一派勃勃生机。

"只有敢于走别人没有走过的路,才能收获别样的风景。"2018年4月13日,在庆祝海南建省办经济特区30周年大会上,习近平总书记对经济特区提出殷切希望:"经济特区要勇于扛起历史责任,适应国内外形势新变化,按照国家发展新要求,顺应人民新期待,发扬敢闯敢试、敢为人先、埋头苦干的特区精神,始终站在改革开放最前沿,在各方面体制机制改革方面先行先试、大胆探索,为全国提供更多可复制可推广的经验。"

回首来路,一代代特区建设者发扬特区精神,解放思想、改革创新、勇担使命、砥砺奋进,在建设中国特色社会主义伟大进程中谱写了勇立潮头、开拓进取的壮丽篇章,为全国改革开放和社会主义现代化建设作出了重大贡献。

展望未来,不忘初心、牢记使命,继续发扬特区精神,经济特区一定能在全面建设社会主义现代化国家新征程上,绘出更新更美的图画,书写更多"春天的故事",创造出无愧于时代的新业绩!

抗洪精神

"洪水无情人有情"

洪水滔天，南北同患；人水相搏，气壮山河。

1998年夏，我国遭遇了历史罕见的特大洪涝灾害，29个省、自治区、直辖市受灾，长江、嫩江、松花江告急……人民生命财产安全和经济社会发展受到严重威胁。

危急时刻，党和国家领导人亲临抗洪一线指挥，30余万人民解放军和武警部队官兵同洪水进行惊心动魄的殊死搏斗，用血肉之躯筑起了冲不垮的坚强大堤，灾区人民舍小家保大家、舍小局顾大局，全国人民大力支持一线军民，夺取了抗洪抢险斗争的全面胜利。

在同洪水的搏斗中，我们的民族和人民展示出了一种十

★ 图为河北武警战士在长江大堤上抢险（1998年8月16日摄）
★ 新华社发（资料照片）

分崇高的精神，这就是"万众一心、众志成城，不怕困难、顽强拼搏，坚韧不拔、敢于胜利"的伟大抗洪精神。

2021年2月20日，习近平总书记在党史学习教育动员大会上强调，要进一步发扬包括"抗洪精神"在内的一系列伟大精神，鼓起迈进新征程、奋进新时代的精气神。

在中国国家博物馆，保存着这样一件一级文物——1998年武汉龙王庙闸口的抗洪"生死牌"，上面"誓与大堤共存亡"的誓词和16位共产党员的签名，依然鲜艳夺目。

地处长江、汉江交汇处的龙王庙，一直是防汛险段。1998年8月7日，龙王庙闸口浊浪排空、惊涛击岸，随时面临决堤危险。此时，守闸人员已经坚守了40多天，精神和体力消耗都已接近极限。

"人在堤在！"大家决定在大堤上成立临时党支部，竖起

在"九八"抗洪抢险斗争中,人民解放军和武警部队官兵不畏艰险、英勇奋战,发挥了中流砥柱的作用。

★ 图为九江人民惜别完成抗洪抢险任务回撤的亲人子弟兵
★ 欧阳萍/摄　来源:《求是》2019年第15期

"誓与大堤共存亡"的木制"生死牌"。"在最困难最疲惫的时候，看一眼牌子上的誓词，就来了精神，就有了劲头，就知道了自己的责任多么重大。"

"一个干部一段堤，一个党员一面旗，一个支部一排桩。"今年70多岁的罗典苏回忆起那段惊心动魄的日子，仍然心潮澎湃。1998年8月，时任湖南岳阳市委常委、宣传部部长的他在堤上一守就是30多天，累到心脏病猝发。经过6个小时的抢救，罗典苏终于醒来。可住院不到3天，他又奔上了大堤。

1998年8月1日，湖北嘉鱼县簰洲湾民垸突然决口，洪流狂涛向堤下一镇一乡29个村庄扑去。前去抢险的空军某高炮团一连被洪水冲散。生死关头，指导员高建成脱下救生衣给年轻战士穿上，自己又跳下水先后救出了8名群众。巨浪中，他奋力将漩涡边的战友推向大树，自己却因力尽而牺牲……

在这场伟大的斗争中，举国上下齐心协力，中华儿女的力量集结在一起，撼天动地，势不可挡，充分体现了中国人民万众一心、众志成城的强大凝聚力。

在这场伟大的斗争中，涌现出了许许多多奋不顾身、舍生忘死的英雄人物，一个英雄倒下去，千万个英雄站起来，充分体现了中国人民不怕困难、顽强拼搏的革命英雄主义气概。

在这场伟大的斗争中，"洪水涨一尺，斗志高一丈"，广大军民迎着困难和危险勇敢前进，越是情况危急，就越是不屈不挠，始终牢牢挺立在滔滔洪水的前面，充分体现了中国人民坚韧不拔、敢于胜利的坚强意志和必胜信念。

"沧海横流，方显英雄本色。"抗洪抢险的伟大胜利再次证明，中国人民战胜自然灾害以及各种艰难险阻的勇气和力量，是世所罕见的！中国人民是不可战胜的！

"防灾减灾救灾事关人民生命财产安全，事关社会和谐稳定，是衡量执政党领导力、检验政府执行力、评判国家动员力、体现民族凝聚力的一个重要方面。"

2021年7月,河南多地遭遇持续强降雨后,驻豫部队争分夺秒投入防汛抢险和灾后重建,尽最大努力保障人民生命财产安全,尽快恢复百姓生产生活秩序。

★ 图为空降兵某旅官兵用石块、沙袋构筑子堤
★ 余红春/摄　来源:《求是》2021年第15期

党的十八大以来，在以习近平同志为核心的党中央坚强领导下，我们成功应对了长江、嫩江、松花江、黑龙江等流域的大洪水，有力保障了人民群众生命安全，为经济社会平稳有序发展提供了坚实支撑。

2020年8月19日，习近平总书记在安徽考察时深入防汛救灾一线指出，"广大干部群众和人民解放军、武警官兵坚决响应党和政府号召，发扬不怕累苦、不怕疲劳、不怕牺牲的精神斗志，坚守在防汛抗洪救灾第一线，涌现了许多先进典型和感人事迹，展现了中国人民众志成城、顽强拼搏、敢于胜利的英雄气概，书写了洪水无情人有情的人间大爱"。

1998年，袁展满9岁。九江溃口，他被困在自家的屋顶上，脚下是三层楼高的滔滔洪水。"我记得消防战士乘着冲锋舟来救我们，那一刻起，我就想做他们那样的人。"

2021年7月23日，河北省邯郸市鸡泽县双塔镇柳林口桥头接应点，防汛救援人员利用橡皮舟和铲车等工具疏散和转移被洪水围困的群众。

★ 求是图片 金书怀/摄

抗洪精神 / 239

如今，袁展满已成长为九江市消防救援支队的一名消防员。2020年，当洪水再一次来袭时，他第一时间加入了抗洪抢险。他说："这一次，换我来保护父老乡亲。"

大江大河奔腾不息，伟大抗洪精神历久弥新。

2021年夏天，全国不少地区持续遭遇极端强降雨，防汛形势十分严峻。在以习近平同志为核心的党中央坚强领导下，受灾地区干部群众众志成城，全国人民守望相助，书写了伟大抗洪精神的新的时代篇章。

今天，我们比历史上任何时期都更接近、更有信心和能力实现中华民族伟大复兴的目标，但越是接近民族复兴越不会一帆风顺，越充满风险挑战乃至惊涛骇浪。弘扬抗洪精神，凝聚中国力量，挺立中华民族不屈的脊梁，我们一定能够战胜一切风险挑战，不断从胜利走向新的胜利。

抗击"非典"精神

" **历史不会忘记，
　人民不会忘记** "

2003 年春天，非典疫情突如其来。

一种前所未见的病毒，严重威胁着人们的健康和生命；一次极其严峻的考验，摆在了党和人民的面前。

疫情紧急，刻不容缓！在党中央的坚强领导下，全国人民以空前的团结和高昂的斗志，打响了一场防治疫病的人民战争。

在党领导人民抗击非典的伟大斗争中，形成了伟大的抗击"非典"精神——"万众一心、众志成城，团结互助、和衷共济，迎难而上、敢于胜利"，铸就了一座不朽的精神丰碑！

"同困难作斗争，是物质的角力，也是精神的对垒。"

2003年6月23日，登上列车的沈阳军区医疗队员与赶来送行的康复患者隔窗告别。这一天，首批990名在北京小汤山医院圆满完成非典患者救治任务的解放军和武警部队医务人员离京返回部队。

★ 新华社记者 王建民／摄

战疫情，英雄的中国人民万众一心、众志成城。

面对来势汹汹的非典疫情，党中央果断采取一系列重大措施，提出"沉着应对、措施果断，依靠科学、有效防治，加强合作、完善机制"的总体要求；中央财政拨出专款设立非典防治基金；及时成立全国防治非典型肺炎指挥部；将非典纳入法定传染病进行管理；公布实施《突发公共卫生事件应急条例》；建立完善公开透明的疫情报告制度和信息发布制度。

全国人民心往一处想、劲往一处使，形成了抗击疫情的强大合力，筑起一道道牢固的"抗疫大堤"。

战疫情，英雄的中国人民团结互助、和衷共济。

全社会广泛动员起来了，一方有难、八方支援，做到了同呼吸、共命运、心连心，共同应对疫病的挑战。

"北京，我们支持你！"非典期间，河北向北京运送救援物资的车上贴着这样的条幅。上海、天津、辽宁、山东、河南、海南……一条条生产线开足马力，不分昼夜地生产援助物资。

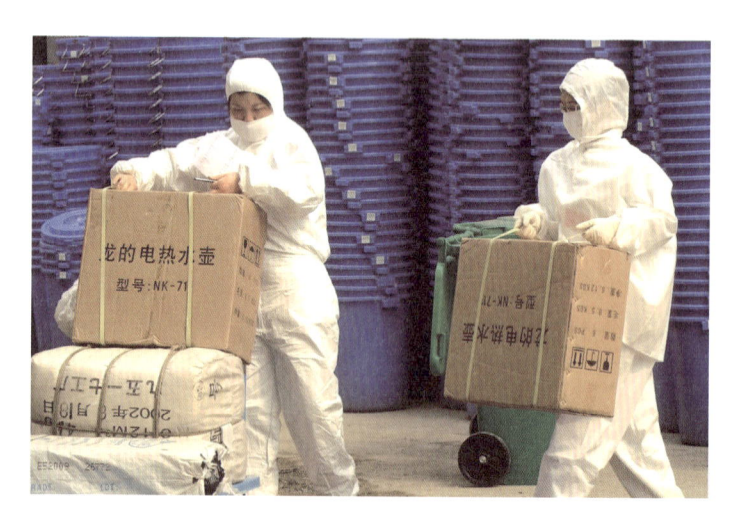

2003年5月7日，北京小汤山非典定点医院的两名后勤保障人员在向隔离病区运送物资。

★ 新华社记者 王呈选/摄

2003年7月2日，广州医学院第一附属医院最后出院的3名非典患者之一（右一）向白衣天使们表示感谢。

★ 新华社记者　陈学思／摄

一位在医院坚守的医生收到女儿的来信,让她放心。女儿这时放假在家,老师和邻居经常前来看望,还送来水果和饭菜;有的同学专程赶来,陪她打球聊天。

战疫情,英雄的中国人民迎难而上、敢于胜利。

"医院就是战场,作为战士,我们不冲上去谁上去?"中国工程院院士、广州呼吸病研究所所长钟南山舍生忘死,昼夜坚守在最前沿。

"选择了从医,就选择了奉献。"北京大学人民医院主任医师丁秀兰以身殉职,用生命实践了自己的誓言。

"我志愿加入中国共产党!我深深感到了党的力量!"在一线,一些年轻的医护人员坚定地选择火线入党。

中国科学院、军事医学科学院的科研人员刻苦攻关,短短几周就发现了非典病原体,36小时完成基因测序,为战胜非典提供了有力武器。

2003年6月24日,世界卫生组织正式宣布解除对北京的旅行警告并从疫区名单中删除。至此,中国抗击"非典"的斗争取得了阶段性的重大胜利。

重大传染性疾病是人类的共同敌人,防范化解这一风险挑战,是须臾不可放松的大事。

2018年1月,在学习贯彻党的十九大精神专题研讨班开班式上,习近平总书记列举了8个方面16个具体风险,其中就提到"像非典那样的重大传染性疾病,也要时刻保持警惕、严密防范"。

2003年6月24日，北京大学第一医院呼吸科重症监护病房的医护人员听到世卫组织对北京"双解除"的消息后，露出胜利的笑容。当日，世界卫生组织取消对北京地区的旅行警告，同时将北京从有疫情传播地区的名单上去除。

★ 新华社记者　王呈选 / 摄

回望历史，党和人民的事业从来不是一帆风顺的，一直是在应对各种风险挑战中走过来的。面向未来，我们必须坚持底线思维、增强忧患意识，做到居安思危，时刻保持警醒，敢于迎难而上，进行具有许多新的历史特点的伟大斗争。

迈进新征程、奋进新时代，我们要继续大力弘扬抗击"非典"精神，敢于斗争、善于斗争，凝聚起实现民族复兴的磅礴力量！

抗震救灾精神

"地动山摇摇不散中华魂魄"

2008 年 5 月 12 日 14 时 28 分，我国发生了震惊世界的四川汶川特大地震。

这场猝不及防的灾难摧毁了人们的家园，但无法摧毁中国人的精神。在党中央的领导下，全国迅速组织起了历史上救援速度最快、动员范围最广、投入力量最多的抗震救灾活动。

气壮山河的生死营救、规模空前的八方支援，在地震废墟上谱写了一曲曲感天动地的英雄壮歌，充分展现了"万众一心、众志成城，不畏艰险、百折不挠，以人为本、尊重科学"的伟大抗震救灾精神。

四川汶川特大地震是新中国成立以来遭受的破坏性最强、波及范围最广、救灾难度最大的地震，也是唐山地震后伤亡最严重的一次地震。

武警战士在四川省北川县灾区救援受伤者（2008年5月13日摄）。

★ 新华社记者 陈燮/摄

在这场艰苦卓绝的抢险救援大行动中，无论是灾区党员干部群众，还是来自全国各地的救援大军，都团结一心、不畏艰险、顽强奋战，充分显示了中华民族在灾难降临时空前的凝聚力和向心力。

汶川县银杏乡沙坪关村在地震中顷刻间被夷为平地，58人当场死亡。在村外一个水电站检查工作的村党支部书记龙德强，来不及掩埋一手抚养大的侄儿遗体，就跌跌撞撞跑回村里。

在村口，龙德强得知自己的妻子和兄嫂遇难的消息后，这个坚强的藏族汉子失声痛哭。他来到妻子遇难的地方，"扑通"一声跪倒在地，留下一句"老婆，对不起了！我要去照顾乡亲们"之后，挥臂高呼："是共产党员的，给我站出来，都跟我来！"

在当年的地震救援工作中，15人组成的空降兵小分队临危受命，冒着生命危险，从海拔约5000米的高度空降震中地带侦察灾情，打开了空中救援通道。出发前，他们曾写下生

在四川省北川县灾区，救援人员从应急车前走过（2008年5月14日摄）。

★ 新华社记者 焦卫平 / 摄

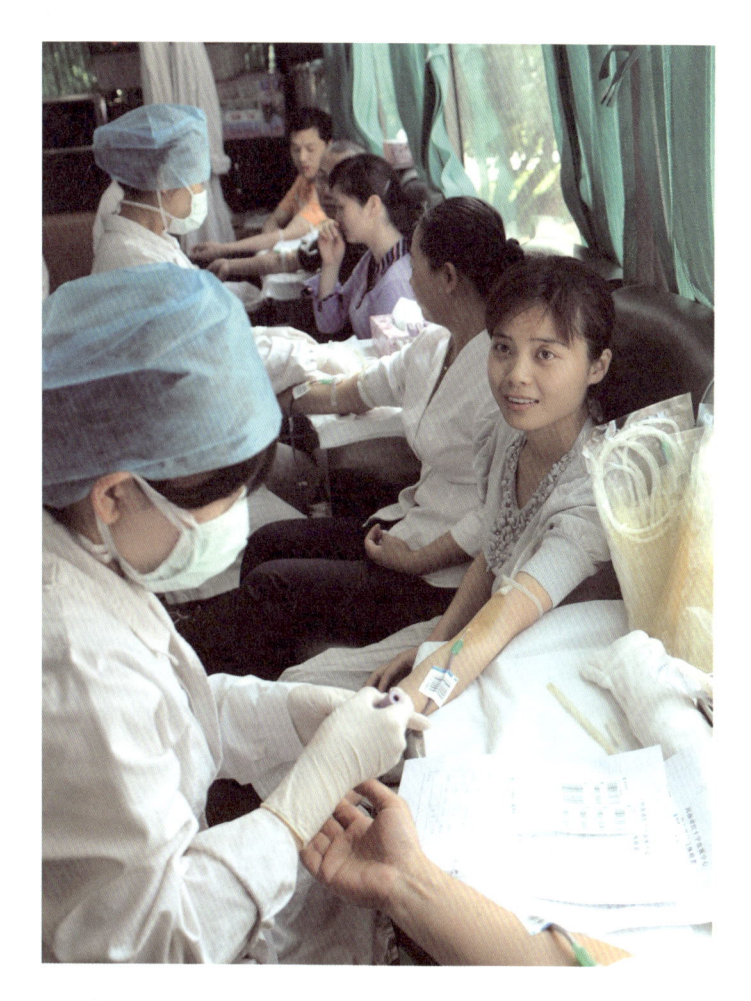

2008年5月14日，数百名郑州市直机关干部职工参加援助活动，并为汶川地震灾区的受灾群众献血。

★ 新华社记者 赵鹏／摄

抗震救灾精神

死决绝的请战书:"我愿意付出自己的一切,去挽救灾区人民的生命,实现我们军人的价值。"

……

今天,走进汶川,我们会看到漂亮的民居、坚固的学校、现代化的医院。

在党中央的坚强领导下,特别是党的十八大以来,以习近平同志为核心的党中央作出一系列重大部署,汶川特大地震灾后恢复重建发展取得重大成就,充分展现了中国共产党的坚强领导和中国特色社会主义制度的巨大优越性。

"我很牵挂这个地方,10年了,这里的变化我也很欣慰。"2018年2月,临近春节,在四川考察的习近平总书记再次踏上汶川映秀镇的土地,向汶川特大地震罹难同胞和在抗震救灾中捐躯的英雄敬献花篮。他还叮嘱道:"一定要把地震遗址保护好,使其成为重要的爱国主义教育基地。"

总书记强调,灾后恢复重建发展取得历史性成就,展现了中国共产党的坚强有力领导和中国社会主义制度的优越性,要在推动产业发展、民生改善等方面继续发力,把人民家园建设得更加美好。

2018年5月12日,汶川地震十周年国际研讨会暨第四届大陆地震国际研讨会在四川省成都市开幕,习近平总书记向会议致信时指出,在中国共产党坚强领导下,汶川地震灾区恢复重建工作取得举世瞩目成就,为国际社会开展灾后恢复重建提供了有益经验和启示。

总书记强调,人类对自然规律的认知没有止境,防灾减灾、抗灾救灾是人类生存发展的永恒课题。科学认识致灾规律,有效减轻灾害风险,实现人与自然和谐共处,需要国际社会共同努力。中国将坚持以人民为中心的发展理念,坚持以防为主、防灾抗灾救灾相结合,全面提升综合防灾能力,为人民生命财产安全提供坚实保障。

2021年12月6日,四川省阿坝州汶川县城。岷江两岸灯光辉煌,道路两边的树木被映照得色彩缤纷,汶川城美景如画。

★ 求是图片 刘国兴／摄

"同自然灾害抗争是人类生存发展的永恒课题。"

这些年来,从汶川到玉树、从舟曲到芦山、从鲁甸到九寨沟,面对自然灾害的侵袭,我们党团结带领人民,汇集举国之力,先后夺取了抗震救灾及灾后重建的一个个伟大胜利,同时坚持不断弘扬抗震救灾精神、不断提高防灾减灾水平、不断推动经济社会发展、不断改善人民生活,取得了举世瞩目的成就。

历史和实践充分证明,抗震救灾精神是党和人民极为宝贵的精神财富。新时代,我们要继续大力弘扬伟大的抗震救灾精神,使之转化为艰苦奋斗的坚定意志、转化为推动经济社会发展的强大力量,为实现中华民族伟大复兴的中国梦注入强大精神力量。

载人航天精神

> "星空浩瀚无比，探索永无止境"

2021 年 9 月 17 日，神舟十二号载人飞船返回舱在东风着陆场成功着陆，执行飞行任务的 3 名航天员安全顺利出舱，身体状态良好，空间站阶段首次载人飞行任务取得圆满成功。

从 1992 年正式实施载人航天工程以来，中国航天人一次次向科学难题发起冲锋，一次次向生理极限发起挑战，一次次将凝结着民族精神与梦想的载人飞船顺利送入太空，推动我国载人航天事业从无到有、从弱到强，在浩瀚宇宙中铭刻下了"特别能吃苦、特别能战斗、特别能攻关、特别能奉献"的载人航天精神。

1992年9月21日，党中央正式决定启动载人航天工程，并确定了"三步走"发展战略。

1999年11月20日，神舟一号飞船在酒泉卫星发射中心发射升空，经过21小时的飞行后顺利返回地面。短短七八年时间，中国航天人走完了发达国家三四十年走过的路。

在此后3年里，我国又连续发射神舟二号至四号无人飞船。相比于发达国家进行载人飞行前要发射10次，甚至10多次试验飞船，中国只进行了4次无人飞行试验就实现了载人飞行，这在世界航天史上是一个奇迹。

神舟五号飞船作为中国第一艘载人飞船，于2003年10月15日发射升空。航天员杨利伟成为浩瀚太空的第一位中国访客，这标志着中国成为世界上第三个能够独立开展载人航

2018年1月25日，中央宣传部向全社会公开发布航天员群体的先进事迹，授予他们"时代楷模"的荣誉称号。

★ 图为12名航天员代表在发布仪式现场庄严宣誓
★ 新华社发　王泗江/摄　来源：《求是》2020年第3期

\ 载人航天精神 / 259

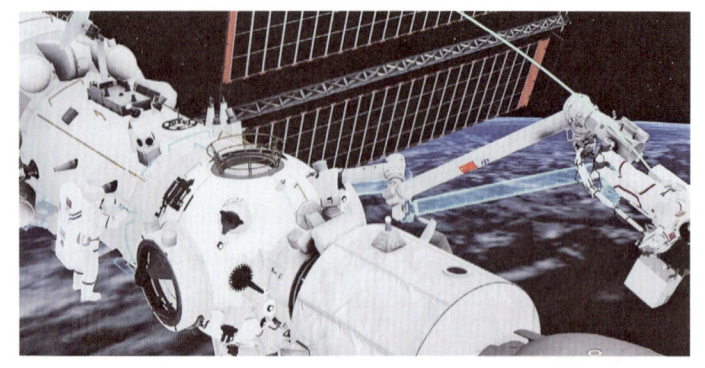

在长期的奋斗中，中国航天工作者铸就了"特别能吃苦、特别能战斗、特别能攻关、特别能奉献"的载人航天精神。

★ 上图：2021年8月20日，神舟十二号乘组两名航天员再次成功出舱
★ 下图：神舟十二号乘组航天员汤洪波在核心舱内工作的场景（摄于北京航天飞行控制中心大屏）

★ 新华社记者　田定宇／摄　　来源：《求是》2021年第17期

天活动的国家。在太空,杨利伟向全世界展示了他写在工作日志上的一句话:"为了人类的和平与进步,中国人来到了太空。"

从神舟五号到神舟十一号,中国已成为世界上第三个独立掌握载人天地往返技术、独立掌握空间出舱技术、独立掌握交会对接技术的国家。

在这个长期奋斗过程中形成的载人航天精神,"为坚持和发展中国特色社会主义增添了强大精神力量"。2021年4月29日,中国空间站天和核心舱发射升空,我国空间站建造进入全面实施阶段。习近平总书记在贺电中再次寄语航天工作者大力弘扬载人航天精神,鼓励航天工作者"自立自强、创新超越,夺取空间站建造任务全面胜利,为全面建设社会主义现代化国家作出新的更大的贡献"。

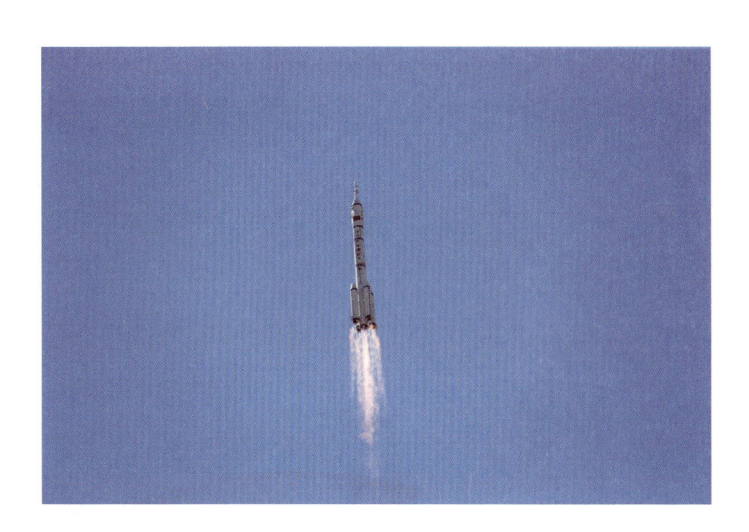

北京时间2021年6月17日9时22分,搭载神舟十二号载人飞船的长征二号F遥十二运载火箭,在酒泉卫星发射中心点火发射。此后,神舟十二号载人飞船与火箭成功分离,进入预定轨道,顺利将聂海胜、刘伯明、汤洪波3名航天员送入太空,飞行乘组状态良好,发射取得圆满成功。

★ 求是图片 成林/摄

2021年6月23日，习近平总书记同神舟十二号航天员亲切通话时指出："建造空间站，是中国航天事业的重要里程碑，将为人类和平利用太空作出开拓性贡献。你们是新时代中国航天事业无数奋斗者、攀登者的代表。希望你们密切配合，圆满完成后续任务！祝你们在太空工作生活顺利，我们在北京等候各位凯旋！"

回顾我国航天事业的发展历程，从"巴黎统筹委员会"到《瓦森纳协定》，从《考克斯报告》到《沃尔夫条款》……一些国家处心积虑对我国实行严密封锁禁运，企图把中国排除在世界空间站俱乐部之外，扼杀中国人探索太空的梦想。

"关键核心技术是要不来、买不来、讨不来的！"事实雄辩地证明，面对国外的长期技术封锁，中国航天事业坚持独

2021年9月29日，在珠海航展上拍摄到的新一代载人飞船试验船返回舱。新一代载人飞船试验船返回舱亮相珠海航展，并首次面向公众展出，吸引了不少参观者瞩目。

★ 求是图片　龙巍/摄

立发展、自主创新，是最正确的选择。一代代航天人自力更生、接续奋斗，攻克一个又一个难关，征服一个又一个高峰，走出了一条中国特色的航天强国之路。中国航天事业伟大实践铸就的载人航天精神，画出了中国精神的亮丽轨迹！

"一切为了祖国，一切为了成功。"中国航天奇迹背后，是中国航天人一代代接力奋斗、艰苦创业、奋力攻关的结晶。

1998年1月5日，从1500多名优秀空军飞行员中百里挑一、精心选拔的14人，会聚北京航天城，成为中国首批航天员。他们面对五星红旗庄严宣誓："甘愿为载人航天事业奋斗终生！"

2001年11月，中国首批航天员第一次集体踏入航天人的精神圣地——东风革命烈士陵园。陵园距离载人航天发射场只有10公里。面对着"聂荣臻同志永远和我们在一起"的碑文，14名航天员久久伫立。

聂帅墓碑的身后，是一片威武的军阵——740多名献身航天事业的先辈长眠于此。这座元帅、将军、士兵相依的不朽军阵，深深震撼了航天员们。

景海鹏至今记得，为了研制中国自己的舱外航天服，女设计师张万欣先后7次赴俄罗斯参加学习培训，不仅刻苦钻研技术原理，还主动参加操作训练。由于身材瘦小，她穿上充气加压后的舱外服后，关节活动非常吃力，每次训练结束后都浑身湿透，累得瘫倒在地，半天也站不起来……

为了一飞冲天，在祖国航天事业的各条战线上，多少人把铺盖搬到车间，多少人伏在桌案上入眠，多少老专家透支了健康，多少年轻人两鬓染霜……就是靠着这股坚韧执着的拼劲，科研人员只用了4年时间就完成了8年才能干成的事。

浩瀚宇宙，灿烂星河，有一种精神充盈其间。

载人航天精神是对"两弹一星"精神的光荣传承，是以爱国主义为核心的民族精神和以改革创新为核心的时代精神的生动体现。

2021年10月14日，在酒泉卫星发射中心问天阁，执行神舟十三号载人飞行任务的3名乘组航天员叶光富、翟志刚、王亚平（从左至右）与中外媒体记者集体见面，并回答记者提问。

★ 求是图片 刘淮宇/摄

迈向新征程，在以习近平同志为核心的党中央的坚强领导下，我们要继续大力弘扬载人航天精神，锐意进取、攻坚克难、团结协作、拼搏奉献，奋力创造新的辉煌，不断开创载人航天事业发展的新局面，使中国人探索太空的脚步迈得更高更远，为实现中华民族伟大复兴的中国梦作出新的更大贡献。

劳模精神
（劳动精神、工匠精神）

"劳动是一切幸福的源泉"

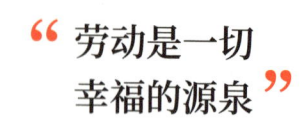

劳动创造幸福，实干成就伟业。
劳动最光荣，奋斗最幸福。

在中国共产党成立以来的每个历史时期，都涌现出一大批劳动模范、大国工匠，他们干一行、爱一行，专一行、精一行，以高度的主人翁责任感、卓越的劳动创造、忘我的拼搏奉献，谱写出一曲曲可歌可泣的动人赞歌，为全国各族人民树立了光辉的学习榜样。

在革命战争年代，"边区工人一面旗帜"赵占魁、"兵工事业开拓者"吴运铎、"新劳动运动旗手"甄荣典等劳动模范，以"新的劳动态度对待新的劳动"，积极参加义务劳动，全力支援前线斗争，带动群众投身中国共产党领导的人民解放事业。

新中国成立后，"高炉卫士"孟泰、"铁人"王进喜、"两

2020年11月24日上午，参加全国劳动模范和先进工作者表彰大会的代表们在天安门广场自拍，留下这一珍贵的幸福荣光。

★ 工人日报社记者 杨登峰/摄 来源：《求是》2020年第23期

弹元勋"邓稼先、"知识分子的杰出代表"蒋筑英、"宁愿一人脏、换来万家净"的时传祥等一大批先进模范，响应党的号召，带动广大群众自力更生、奋发图强。

在改革开放新时期，"蓝领专家"孔祥瑞、"金牌工人"窦铁成、"新时期铁人"王启民、"新时代雷锋"徐虎、"知识工人"邓建军、"马班邮路"王顺友、"白衣圣人"吴登云、"中国航空发动机之父"吴大观等一大批劳动模范和先进工作者，带动群众锐意进取，积极投身改革开放和社会主义现代化建设，为国家和人民建立了杰出功勋。

党的十八大以来，面对错综复杂的国际形势、艰巨繁重的国内改革发展稳定任务，以习近平同志为核心的党中央团结带领全党全国各族人民砥砺前行、开拓创新，奋发有为推进党和国家各项事业，战胜各种风险挑战，打赢脱贫攻坚战，全面建成小康社会，实现了第一个百年奋斗目标，中华民族伟大复兴向前迈出了新的一大步。在这一伟大实践中，各行各业涌现出一大批爱岗敬业、锐意创新、勇于担当、无私奉献的先进模范人物。"铁路小巨人"巨晓林、"桥吊状元"竺士杰、"金牌焊工"高凤林、"禁区勇士"胡洪炜、"当代愚公"黄大发、"深海钳工第一人"管延安、"大眼睛天使"陈贞、"贫困群众的亲闺女"刘双燕、"九天揽星人"孙泽洲等一大批先进模范人物，在平凡的岗位上创造了不平凡的业绩，用干劲、闯劲、钻劲鼓舞了更多的人，激励广大劳动群众争做新时代的奋斗者。

正是靠劳动创造，我们拥有了历史的辉煌；也正是因为劳动创造，我们拥有了今天的成就。截至2020年底，全国技能劳动者超过2亿人，高技能人才超过5000万人。2020年11月24日，习近平总书记在全国劳动模范和先进工作者表彰大

美好生活是劳动者的双手干出来的，劳动才能创造幸福。

★ 图为2017年1月15日，上海市虹口区提篮桥星港国际中心工地，4位建设者为确保钢梁就位，相互助力、互相配合，演绎了一曲现代版的劳动者之歌

★ 上海市工程设备监理有限公司供图　胡志民／摄
　　来源：《求是》2021年第14期

2018年"五一"国际劳动节前，中国劳动关系学院劳模本科班全体学员给习近平总书记写信，汇报学习习近平新时代中国特色社会主义思想的体会，表达了当好主人翁、建功新时代的决心。4月30日，习近平总书记给学员们回信，勉励他们珍惜荣誉、努力学习，继续拼搏、再创佳绩。

★ 图为2019年4月23日，中国劳动关系学院劳模本科班学员代表参加"五一"国际劳动节暨全国五一劳动奖和全国工人先锋号表彰大会并合影

★ 工人日报记者 杨登峰/摄 来源：《求是》2019年第22期

会上指出，在长期实践中，我们培育形成了"爱岗敬业、争创一流、艰苦奋斗、勇于创新、淡泊名利、甘于奉献"的劳模精神，"崇尚劳动、热爱劳动、辛勤劳动、诚实劳动"的劳动精神，"执着专注、精益求精、一丝不苟、追求卓越"的工匠精神。"劳模精神、劳动精神、工匠精神是以爱国主义为核心的民族精神和以改革创新为核心的时代精神的生动体现，是鼓舞全党全国各族人民风雨无阻、勇敢前进的强大精神动力。"

立足新发展阶段、贯彻新发展理念、构建新发展格局、推动高质量发展，实现中国制造向中国创造转变、中国速度向中国质量转变、中国产品向中国品牌转变，离不开劳动模

万丈高楼平地起。2021年9月17日,在上海市黄浦区外滩一个项目工地现场,一位施工人员正在吊装楼层钢板,两块悬空的楼层钢板犹如大鹏在空中展翅翱翔。

★ 上海市工程设备监理有限公司供图　胡志民／摄
来源:《求是》2022年第2期

范,离不开技能人才,离不开能工巧匠。习近平总书记强调,"一定要在全社会大力弘扬劳模精神、劳动精神,大力宣传劳动模范和其他典型的先进事迹,引导广大人民群众树立辛勤劳动、诚实劳动、创造性劳动的理念,让劳动光荣、创造伟大成为铿锵的时代强音,让劳动最光荣、劳动最崇高、劳动最伟大、劳动最美丽蔚然成风"。

共和国的大厦是靠一块块砖垒起来的,人民是真正的英雄。奋进新征程、建功新时代,必须紧紧依靠人民、始终为了人民,必须依靠辛勤劳动、诚实劳动、创造性劳动,为夺取全面建设社会主义现代化国家新胜利汇聚强大正能量。我们要大力弘扬劳模精神、劳动精神、工匠精神,同心同德、顽强奋斗,不畏险阻、勇毅前行,通过诚实劳动、勤勉工作创造更加幸福美好的生活,在全面建设社会主义现代化国家新征程上创造新的更大奇迹。

青藏铁路精神

"挑战极限、勇创一流"

"艰苦不怕吃苦,风暴强意志更强,缺氧不缺精神,海拔高追求更高!"

在中国铁道博物馆里,陈列着一张红色的火车票,出发时间为 2006 年 7 月 1 日,起点是格尔木,终点是拉萨,上面醒目地印着"青 1 次"、"首发列车"等字眼。一张小小的火车票,记录下永恒的历史时刻。就在这一天,世界上海拔最高、线路最长、速度最快的高原铁路——青藏铁路,全线开通运营。

一条铁路,穿越历史和未来;一张车票,寄托了梦想与期待。这条承载着中华民族百年梦想的铁路,是几代人青春和汗水的接力。

早在1956年,毛泽东同志就发出了修建青藏铁路的号召。1958年9月,青藏铁路西宁至格尔木段开工,同时格尔木至拉萨段开始大规模勘测。但是经历了缓建、停工、复建,直到1984年西宁至格尔木段才建成通车;受限于恶劣的自然环境等多方面因素,格尔木至拉萨段只能停建。进入21世纪,党中央从推进西部大开发、实现各民族共同发展繁荣的大局出发,作出了修建青藏铁路格尔木至拉萨段的重大决策,提出了建设世界一流高原铁路的目标。2001年6月29日,经过多轮论证,青藏铁路格尔木至拉萨段工程正式开工。

施工到底有多难?"到了昆仑山,气息已奄奄;过了五道梁,难见爹和娘;上了风火山,进了鬼门关。"这首当地的民谣形象地道出了青藏铁路沿线生存环境的险恶,施工作业的难度由此可以想见。

2002年6月29日,青藏铁路从青海格尔木南山口开始铺轨。
★ 图为正在铺设落下的第一组轨排
★ 原瑞伦/摄

\青藏铁路精神 / 273

昆仑山——这里氧气含量只有内地的一半，建设者们需要背着5公斤重的氧气瓶艰难开掘，难受了就吸几口氧气，缓一缓再接着干。一年不到，工人们就用了近12万瓶氧气。

五道梁——这里一年四季都在下雪，还经常刮8级以上的大风。到了冬天，建设者们更是要在零下30多摄氏度的严寒中，顶风冒雪施工作业，冷风刮在脸上如同刀割一般。

风火山——这里海拔约4900米，每一个人在这里都会有强烈的高原反应，头疼失眠、食欲减退。

面对"多年冻土、高寒缺氧、生态脆弱"三大世界难题和戈壁荒漠、茫茫雪域、人迹罕至的极端恶劣自然环境，青藏铁路工程建设者以不惧艰险的英雄气概和求真务实的工作态度，克服了许多常人难以想象的艰难困苦，在雪域高原逢山开路、遇水搭桥。

2002年9月，中铁一局青藏铁路铺架项目部正在昆仑山架梁，突遭暴雨侵袭。风雨裹着冰雹倾盆而下，打在安全帽上噼啪作响，砸在身上生生作痛。施工队凭着顽强的毅力和精湛的技术，将140吨重的桥梁稳稳地落在桥墩上。

风火山隧道全长1338米，全部位于永久性高原冻土层内，这样的地质环境被视为隧道施工的"禁区"。为了挑战这个"不可能"，中铁西北科学研究院科研人员在风火山观测站坚守了近半个世纪，采集、研究多年冻土变化数据。首任站长周怀珍扎根这里22年，手指冻成终身残疾。原党支部书记王占吉积劳成疾，去世前留下遗言："活着，没能看到青藏铁路修通，

2004年6月22日11时28分，一组轨排在鞭炮、锣鼓声中徐徐落在西藏自治区海拔4700多米的安多车站，标志着西藏结束了没有铁路的历史。

★ 原瑞伦／摄

是我一生最大的遗憾。死后，请将我的骨灰埋在风火山上，我要看着列车从我身边通过。"2001年，王占吉的儿子王耀欣主动报名到风火山，以监理工程师的身份实现父亲的遗愿。

经过连续5年艰苦奋战，青藏铁路工程建设者冒严寒、顶风雪、战缺氧、斗冻土，以一流的勘测设计、一流的施工技术、一流的工程质量、一流的运营管理、一流的技术设备、一流的建设标准、一流的服务水平，锻造出"挑战极限、勇创一流"的青藏铁路精神，破解了一个又一个世界难题，创造出一个又一个人间奇迹，用汗水和智慧谱写了人类高原铁路建设和运营史上的辉煌篇章。

"谁可以在零下30摄氏度的岩石中钻隧道，在吸氧才能走路的情况下铺设铁轨？中国可以，而且比预定计划提前完成。青藏铁路体现出中国的'能做'精神以及技术力量。"英国《卫报》上的这段话，道出了青藏铁路修建的艰辛，也告诉了世界什么是中国精神、什么是中国力量。

党的十八大以来，以习近平同志为核心的党中央高度重视中西部铁路建设，不断加大对中西部铁路建设的投入力度。建设大军发扬青藏铁路精神，以挑战极限、勇创一流之志，先后建成拉萨至日喀则铁路、敦煌铁路、格库铁路、拉萨至林芝铁路，完成青藏铁路新关角隧道、格拉段扩能改造项目，开启雪域高原发展的崭新篇章。

2020年11月，习近平总书记对川藏铁路开工建设作出重要指示，号召广大铁路建设者发扬"两路"精神和青藏铁路精神，科学施工、安全施工、绿色施工，高质量推进工程建设，为全面建设社会主义现代化国家作出新的贡献。

"那是一条神奇的天路，把人间的温暖送到边疆，从此山不再高路不再漫长，各族儿女欢聚一堂……"这首广为传唱的歌曲《天路》，把雪域高原的壮美与时代变迁唱进了亿万中国

★ 图为 2022 年 1 月 9 日，2021 年"最美铁路人"在发布仪式录制现场留影

★ 前排：刘晓云

　二排左起：王久军、王江

　三排左起：冯剑坚、张雪松、薛胜利

　后排左起：陈向华、王军、郑天海、李玉斌

★ 中国国家铁路集团有限公司供图　　来源：《求是》2022 年第 3 期

复兴号高原内电双源动车组行驶在拉林铁路上。

★ 中国国家铁路集团有限公司供图

人的心田，唱出了全国各族人民团结奋斗的豪迈心声。

巍巍喜马拉雅，见证精神不倒；皑皑雪山绵延，托起高原腾飞。在新的历史征程上，继续发扬挑战极限、勇创一流的青藏铁路精神，保持"越是艰险越向前"的英雄气概，保持"敢教日月换新天"的昂扬斗志，中国人民一定能够创造出更加幸福的生活，迎来更加美好的明天！

女排精神

"为中华崛起而拼搏的时代最强音"

"体育承载着国家强盛、民族振兴的梦想。"

  1981年，在第三届女排世界杯上，中国女排获得第一个世界冠军，之后创造了"五连冠"的辉煌成绩，成为世界排球史上第一支连续5次夺冠的队伍。

  这个史无前例的"五连冠"，向全世界展示了团结拼搏、锐意进取的中国国家形象，空前激发了中华儿女的自豪感，极大鼓舞着全国人民团结一心、振兴中华的信心和决心。

  2019年9月，中国女排在日本举行的第十三届女排世界杯比赛中以全胜战绩卫冕，第10次荣膺世界排球"三大赛"冠军。习近平总书记在会见载誉回国的女排代表时指出："广

女排精神作为民族精神和时代精神的重要象征，不仅成为中国体育的一面旗帜，更成为整个民族锐意进取、昂首前进的精神动力。

★ 图为1981年11月16日，中国女排获得第三届世界杯女子排球赛冠军后领奖

★ 新华社发　来源：《求是》2019年第14期

★ 图为1984年8月7日，中国女排击败美国队，登上第二十三届奥运会女排冠军领奖台

★ 新华社记者　胡越/摄

大人民群众对中国女排的喜爱,不仅是因为你们夺得了冠军,更重要的是你们在赛场上展现了祖国至上、团结协作、顽强拼搏、永不言败的精神面貌。女排精神代表着一个时代的精神,喊出了为中华崛起而拼搏的时代最强音。"

始建于1972年的福建漳州体育训练基地,是中国女排最早的集训基地之一。这座被称为"竹棚馆"的基地,是用毛竹为架,竹篾席、油毛毡为顶搭建而成;没有地板,煤渣垫底,上面用石灰、黄土、盐水混合的"三合土"压实夯平。

训练时,若赶上雨季,"竹棚馆"内"三合土"潮湿,运动员们一滚就是一身泥。由于反复摸爬滚打,"三合土"一层层被磨掉了,垫底的煤渣露出来了,常常划得姑娘们满身是伤,沙粒嵌入皮肉,以至于睡觉时床单与伤口粘连,一动便钻心地疼。

这是福建漳州体育训练基地中国女排腾飞馆内展出的郎平等老女排队员当年训练的照片(上),以及郎平于1998年写给漳州人民的寄语(下,2016年8月31日翻拍)。

★ 新华社记者 姜克红/摄

2022年1月22日，观众在中国美术馆用手机拍摄中国画家陈曦创作的油画作品《中国记忆之女排在世界舞台》。

★ 求是图片　陈晓根／摄

"滚上一身泥，磨去几层皮，苦练技战术，立志攀高峰。"就在这样艰苦的条件下，女排姑娘们顽强拼搏，用日复一日的艰苦训练，抒写"激情燃烧的岁月"；用"为国争光"的必胜信念，赢得一个又一个世界冠军，振奋了一个时代。

"17∶15！我们胜利啦！"1981年11月16日，当决胜局最后一个球落地，中国女排以总比分3∶2险胜日本队，七战七捷为中国"三大球"项目夺得第一个世界冠军！举国上下心潮澎湃，亿万观众热泪盈眶！

在改革开放大幕初启、中国奋力追赶的时代，女排姑娘以昂扬的斗志向世界证明了"中国人能行"！

升中国国旗，奏中国国歌！女排精神如同一面旗帜，让全世界看到中国人的爱国之情、拼搏之志、团结之力能达到怎样的高度、创造怎样的奇迹。

"这是一曲振奋人心的搏斗之歌，它的主旋律，就是祖国荣誉高于一切。"一时间，各行各业掀起了学习女排精神的热潮，"团结起来，振兴中华"的时代强音响彻神州大地。

习近平总书记强调："全面建设社会主义现代化强国，需要在各方面都强起来。实现体育强国目标，要大力弘扬新时代的女排精神"，"不忘初心，持之以恒，努力开创新时代我国体育事业新局面"。

中国女排一路走来，有过成功登顶的辉煌，也有过跌入低谷的挫折，但她们始终以坚定强大的内心、砥砺进取的意志、从头再来的无畏给人们带来不变的精神感召。

在 2020 年抗击新冠疫情最艰难的时刻，一位武汉一线的女护士把中国女排队员朱婷的名字写在了自己的防护服上，"表白"偶像。

朱婷回应说："我只是做了我的本职工作，是我的本分，但是却能成为她们心中的一种力量，也让我深深感受到了女排精神的价值和感染力。""以往比赛中的经验告诉我们，在最困难的时候，恰恰正是我们最团结、最顽强、最忘我的时候。接下来的道路还会有很多很多困难，希望我们同心协力，一起加油，一起努力。"

岁月流转，中国女排祖国至上、为国争光的初心始终未变，顽强拼搏、团结协作的风貌一如既往，永不言败、勇攀高峰的精神一脉相承。女排精神早已超出体育的范畴，成为不断激发亿万国人奋斗豪情、成就中国各项伟业的强大精神动力。

脱贫攻坚精神

> "彪炳史册的人间奇迹"

党的十八大以来，一场人类历史上规模最大、力度最强、惠及人口最多的脱贫攻坚战，在中华大地全面打响。

这是一部中国共产党带领中国人民亲笔书写的脱贫史。几年来，全国累计选派25.5万个驻村工作队、300多万名第一书记和驻村干部，同近200万名乡镇干部和数百万村干部一道奋战在扶贫一线。

他们爬过最高的山，走过最险的路，去过最偏远的村寨，住过最穷的人家……哪里有需要，他们就战斗在哪里。

在以习近平同志为核心的党中央坚强领导下，经过全党全国各族人民共同努力，我们的脱贫攻坚战取得了全面胜利，

这个圆，是咱中国人一点一点拼出来的

2020年11月23日，贵州省宣布最后9个贫困县退出全国贫困县序列。至此，国务院扶贫办确定的全国832个贫困县全部脱贫摘帽。

★ 图为22个省份宣布贫困县"清零"的时间示意图
★ 央视新闻供图　来源：《求是》2021年第4期

脱贫攻坚精神

现行标准下的9899万农村贫困人口全部脱贫，832个贫困县全部摘帽，12.8万个贫困村全部出列，区域性整体贫困得到解决，完成了消除绝对贫困的艰巨任务。

脱贫攻坚伟大斗争，创造出彪炳史册的人间奇迹，也奏响了气壮山河的精神赞歌。

——消除贫困、改善民生、实现共同富裕，是社会主义的本质要求。

——全面建成小康社会，最艰巨最繁重的任务在农村、特别是在贫困地区。

——做好扶贫开发工作，支持困难群众脱贫致富，帮助他们排忧解难，使发展成果更多更公平惠及人民，是我们党坚持全心全意为人民服务根本宗旨的重要体现，也是党和政府的重大职责。

党的十八大以来，以习近平同志为核心的党中央把脱贫攻坚纳入"五位一体"总体布局和"四个全面"战略布局，摆到治国理政的突出位置，作出一系列重大决策部署，举全党全国全社会之力推进，重视程度之高、政策举措之实、工作力度之大前所未有。习近平总书记亲自部署、亲自挂帅、亲自出征、亲自督战，在脱贫攻坚的每个阶段、每个节点，都作出战略谋划、领航定向。

这些年，习近平总书记倾注心力最多的就是扶贫工作，考察调研最多的就是贫困地区，惦记最多的就是困难群众。从六盘山区到秦巴腹地，从华北平原到西南边陲，从土家苗寨到雪域高原，从"苦瘠甲天下"的甘肃定西到"隔山走一天"

★ 图为被光伏产业扮靓的宁夏回族自治区银川市闽宁镇移民新村
★ 《共产党人》记者 申进湘/摄 来源:《求是》2022年第8期

的四川大凉山……总书记的足迹,踏遍了全国14个集中连片特困地区。总书记以"不获全胜决不收兵"的决心,驰而不息地推进脱贫攻坚工作,与全国人民一道向贫困发起总攻,我国脱贫攻坚工作不断取得历史性成就,我们党如期兑现了对人民的庄严承诺。

"脱贫攻坚,取得了物质上的累累硕果,也取得了精神上的累累硕果。"

2021年2月25日,在全国脱贫攻坚总结表彰大会上,习近平总书记生动地阐释了脱贫攻坚精神:"上下同心、尽锐出战、精准务实、开拓创新、攻坚克难、不负人民"。

上下同心,体现了党团结带领人民心往一处想、劲往一处使,凝聚起全党动员、举国行动、合力战贫的磅礴力量;尽锐出战,体现了发挥制度优势、集中精锐力量办大事的实践智慧和精神状态;精准务实,体现了实事求是、科学施策、

在陕西考察期间，习近平总书记前往商洛市柞水县小岭镇金米村考察脱贫攻坚情况。金米村位于秦岭深处，曾经是极度贫困村，近年来通过发展木耳、中药材、旅游等产业实现了整村脱贫。总书记点赞秦岭深处小山村"小木耳，大产业"。

★ 图为金米村木耳种植户在采摘木耳
★ 陕西省委宣传部供图　来源：《求是》2020年第11期

在波澜壮阔的脱贫攻坚伟大实践中，涌现出一批政治坚定、表现突出、贡献重大、精神感人的杰出典型。为隆重表彰激励先进，大力弘扬民族精神、时代精神和脱贫攻坚精神，充分激发全党全国各族人民干事创业的责任感、使命感、荣誉感，汇聚更强大的力量推进全面建设社会主义现代化国家，党中央、国务院决定，授予毛相林、白晶莹、刘虎、李玉、张小娟、张桂梅、赵亚夫、姜仕坤、夏森、黄文秀10名同志"全国脱贫攻坚楷模"荣誉称号。

★ 来源：《求是》2021年第5期

真抓实干的实践品格；开拓创新，体现了敢为人先、勇闯新路的进取精神；攻坚克难，体现了不畏艰难、敢于斗争、善于斗争的奋斗精神；不负人民，体现了中国共产党人为人民谋幸福的不变初心和使命担当。

在这篇重要讲话中，习近平总书记指出，"脱贫攻坚精神，是中国共产党性质宗旨、中国人民意志品质、中华民族精神的生动写照，是爱国主义、集体主义、社会主义思想的集中体现，是中国精神、中国价值、中国力量的充分彰显，赓续传承了伟大民族精神和时代精神"，强调"全党全国全社会都要大力弘扬脱贫攻坚精神，团结一心，英勇奋斗，坚决战胜前进道路上的一切困难和风险，不断夺取坚持和发展中国特色社会主义新的更大的胜利"。

"人民对美好生活的向往，就是我们的奋斗目标。"

今天，新时代脱贫攻坚任务已如期完成，但脱贫摘帽不是终点，而是新生活、新奋斗的起点。

2021年7月1日，中国共产党百年华诞，习近平总书记代表党和人民庄严宣告："经过全党全国各族人民持续奋斗，我们实现了第一个百年奋斗目标，在中华大地上全面建成了小康社会，历史性地解决了绝对贫困问题，正在意气风发向着全面建成社会主义现代化强国的第二个百年奋斗目标迈进。"

在全面建设社会主义现代化国家的新征程上，我们要从脱贫攻坚精神等伟大精神中汲取强大力量，切实做好巩固拓展脱贫攻坚成果同乡村振兴有效衔接的各项工作，全面推进乡村振兴，加快建设农业强国，向着实现第二个百年奋斗目标奋勇前进！

抗疫精神

> "人类同疾病斗争史上又一个英勇壮举"

"同困难作斗争,是物质的角力,也是精神的对垒。"

当人类迈入 2020 年,一种前所未见的陌生病毒突袭而至、来势汹汹,中华民族伟大复兴征程上又一次面临严峻考验。

新冠疫情是百年来全球发生的最严重的传染病大流行。3 年多来,我国抗疫防疫历程极不平凡。以习近平同志为核心的党中央始终坚持人民至上、生命至上,团结带领全党全国各族人民同心抗疫,以强烈的历史担当和强大的战略定力,因时因势优化调整防控政策措施,高效统筹疫情防控和经济社会发展,成功避免了致病力较强、致死率较高的病毒株的广泛流行,有效保护了人民群众生命安全和身体健康,为打赢疫情防控阻击战赢得了宝贵时间。在同疫情的殊死较量中，中国人民和中华民族以敢于斗争、敢于胜利的大无畏气概，诠释了人民至上、生命至上的人间大爱，书写了众志成城、坚韧不拔的抗疫史诗。

从白衣天使到人民子弟兵，从科研人员到社区工作者，从志愿者到工程建设者，从古稀老人到"90后"、"00后"青年一代，无数人以生命赴使命、用挚爱护苍生，构筑起守护生命的铜墙铁壁，生动展示了生命至上、举国同心、舍生忘死、尊重科学、命运与共的伟大抗疫精神。

"新型冠状病毒！""确认存在人传人！"

"生命重于泰山。疫情就是命令，防控就是责任。"

面对史无前例、突如其来的新冠疫情，习近平总书记亲自指挥、亲自部署，团结带领全党全军全国各族人民打响了疫情防控的人民战争、总体战、阻击战。

★ 图为中央广播电视总台央视综合频道《时代楷模发布厅》特别节目现场
★ 《时代楷模发布厅》栏目供图　来源：《求是》2020年第19期

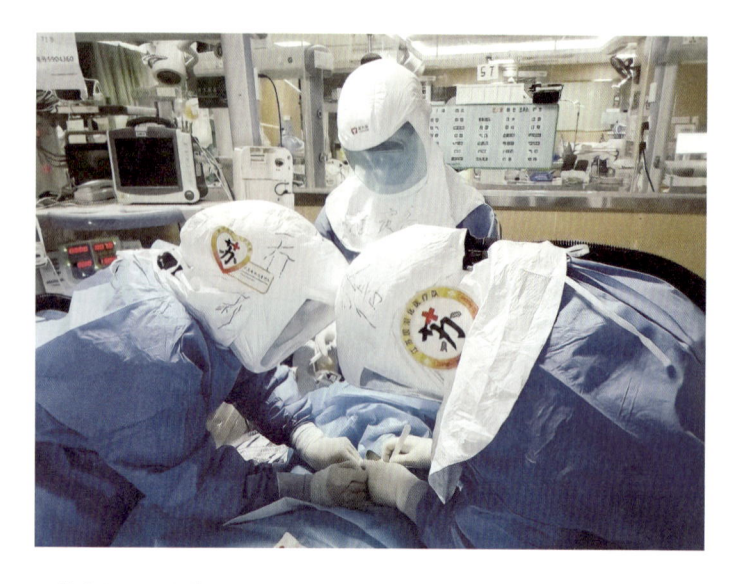

江苏省人民医院整建制接管了武汉市第一医院危重症病区，35天时间累计收治患者78人，后又转战疫情"风暴眼"武汉市金银潭医院，为抢救生命继续奋战。

★ 图为江苏省人民医院援武汉重症医疗队在对患者实施插管
★ 国家卫生健康委供图　　来源：《求是》2021年第1期

　　这是一场空前的战天斗地的人民战争，短短几天时间内，迅即形成了全面动员、全面部署、全面加强疫情防控工作的局面，群情激昂、气壮山河、撼天动地。

　　——我是一个有着25年工作经历和15年党龄的党员，为了起到一个党员的模范带头作用，尽到一个医务工作者治病救人的应有职责。我自愿报名申请加入医院的各项治疗病毒性肺炎的治疗活动。不计报酬，无论生死！

当驰援武汉的命令传来，空军军医大学西京医院神经外科副主任医师胡世颉第一时间报了名。除夕凌晨4点50分，胡世颉在奔赴武汉前给父亲发了这样一条微信："爸，我被抽调抗病毒去了。"7点36分，老父亲回复了四个字："不辱使命！"胡世颉在请战书上郑重地写下自己的承诺："不管什么时候，我都是一名人民军医，我的战位请组织放心。"

"没什么特殊情况，不要去武汉。"疫情蔓延时，中国工程院院士钟南山向公众发出紧急呼吁，自己却"逆行"冲向防疫最前线。

在这场抗击疫情的伟大斗争中，我们党团结带领全国各族人民，谱写了气壮山河的英雄史诗，铸就了民族复兴的历史丰碑。

这座丰碑上，镌刻着抗击疫情的"中国密码"。在全国抗击新冠疫情表彰大会上的重要讲话中，习近平总书记用"五个面对"对此作出了深刻阐述。

面对突如其来的新冠疫情，南京市紧急启动公共卫生医疗中心应急扩建工程。

★ 图为2020年2月，项目启动后，中国建筑八局三公司青年突击队迅速到位，投入施工一线，争分夺秒抢抓进度，保质保量完成任务

★ 中建集团供图　　来源：《求是》2020年第20期

——面对突如其来的严重疫情，党中央统揽全局、果断决策，以非常之举应对非常之事。

——面对突如其来的严重疫情，中国人民风雨同舟、众志成城，构筑起疫情防控的坚固防线。

——面对突如其来的严重疫情，广大医务人员白衣为甲、逆行出征，舍生忘死挽救生命。

——面对突如其来的严重疫情，我们统筹兼顾、协调推进，经济发展稳定转好，生产生活秩序稳步恢复。

——面对突如其来的严重疫情，中国同世界各国携手合作、共克时艰，为全球抗疫贡献了智慧和力量。

2020年3月13日傍晚，在武汉市硚口区宝丰二路和宝丰一路交会的封闭路口，硚口区教育局下沉党员干部值守检查过往车辆行人。

★ 湖北日报全媒记者　周立新／摄　　来源：《求是》2020年第7期

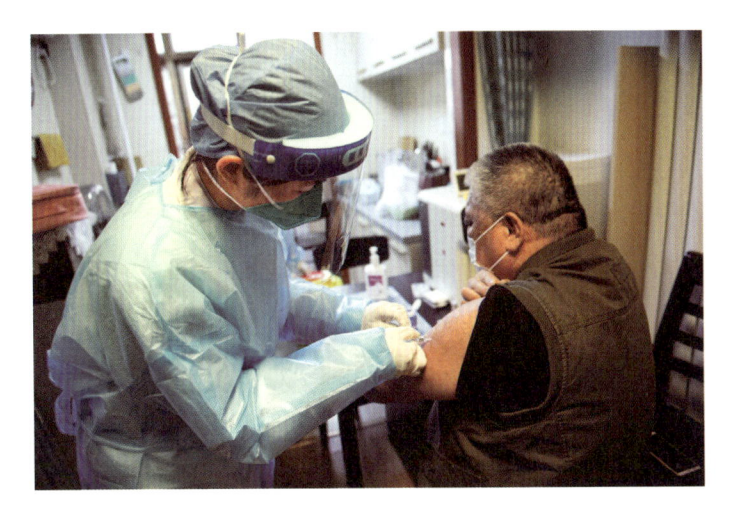

北京市东城区积极开展老年人新冠疫苗接种工作，利用专场接种、入户接种等方式，为年事已高、出行不便的老年人提供便利的疫苗接种服务。

★ 图为2022年5月10日，北京市第六医院的医护人员来到东城区北新桥街道一户老人家中，为其接种新冠疫苗

★ 新华社记者 陈钟昊／摄 来源：《求是》2022年第10期

"海压竹枝低复举，风吹山角晦还明。"习近平总书记回顾总结的"五个面对"，蕴含深刻的道理、饱蘸炽热的感情，极大地增强了全党全国各族人民的自信心和自豪感、凝聚力和向心力。

"人无精神则不立，国无精神则不强。唯有精神上站得住、站得稳，一个民族才能在历史洪流中屹立不倒、挺立潮头。"

在这篇重要讲话中，习近平总书记精辟概括了伟大抗疫精神："在这场同严重疫情的殊死较量中，中国人民和中华民族以敢于斗争、敢于胜利的大无畏气概，铸就了生命至上、举国同心、舍生忘死、尊重科学、命运与共的伟大抗疫精神。"

——生命至上，集中体现了中国人民深厚的仁爱传统和中国共产党人以人民为中心的价值追求。

——举国同心，集中体现了中国人民万众一心、同甘共苦的团结伟力。

——舍生忘死，集中体现了中国人民敢于压倒一切困难而不被任何困难所压倒的顽强意志。

——尊重科学，集中体现了中国人民求真务实、开拓创新的实践品格。

——命运与共，集中体现了中国人民和衷共济、爱好和平的道义担当。

习近平总书记指出，"伟大抗疫精神，同中华民族长期形成的特质禀赋和文化基因一脉相承，是爱国主义、集体主义、社会主义精神的传承和发展，是中国精神的生动诠释，丰富了民族精神和时代精神的内涵"，强调"要在全社会大力弘扬伟大抗疫精神，使之转化为全面建设社会主义现代化国家、实现中华民族伟大复兴的强大力量"。

2022年11月以来，我们围绕"保健康、防重症"，不断优化调整防控措施，较短时间实现了疫情防控平稳转段，2亿多人得到诊治，近80万重症患者得到有效救治，新冠死亡率保持在全球最低水平，取得疫情防控重大决定性胜利，创造了人类文明史上人口大国成功走出疫情大流行的奇迹。

"起来！起来！起来！我们万众一心……"

在抗疫最艰难的时刻，人们自发唱起的国歌激荡着久经考验的历史结论：中华民族是历经磨难、不屈不挠的伟大民族，中国人民是勤劳勇敢、自强不息的伟大人民，中国共产党是敢于斗争、敢于胜利的伟大政党。有以习近平同志为核心的党中央坚强领导、有习近平新时代中国特色社会主义思想科学指引，经过伟大抗疫斗争的洗礼，驶向民族复兴新航程的中国号巨轮必将乘风破浪、一往无前！

"三牛"精神

"不用扬鞭自奋蹄"

"利满天下","物无逾者"。"朝耕及露下，暮耕连月出。自无一毛利，主有千箱实。"

在中华文化中，牛是勤劳、奉献、奋进、力量的象征，寄寓着人们的美好期待。孺子牛、拓荒牛、老黄牛，都是家喻户晓的美好形象，体现着中国人民自强不息、砥砺奋进的精神面貌。

2021年是农历辛丑牛年。习近平总书记在全国政协新年茶话会上寄语全国各族人民："我们要深刻铭记中国人民和中华民族为实现民族独立、人民解放和国家富强、人民幸福而奋斗的百年艰辛历程，发扬为民服务孺子牛、创新发展拓荒牛、

★ 图为"最美奋斗者"杨善洲
★ 新华社发（资料照片）　来源：《求是》2019年第5期

艰苦奋斗老黄牛的精神，永远保持慎终如始、戒骄戒躁的清醒头脑，永远保持不畏艰险、锐意进取的奋斗韧劲。"在这一年的春节团拜会上，总书记再次发出号召："我们要大力发扬孺子牛、拓荒牛、老黄牛精神，以不怕苦、能吃苦的牛劲牛力，不用扬鞭自奋蹄，继续为中华民族伟大复兴辛勤耕耘、勇往直前，在新时代创造新的历史辉煌！"

为民服务孺子牛

为人民服务，这是中国共产党的立党之本。1942年5月，毛泽东同志在延安文艺座谈会上说："鲁迅的两句诗，'横眉冷对千夫指，俯首甘为孺子牛'，应该成为我们的座右铭。"习近平总书记强调："共产党是干什么的？是为人民服务的，为中华民族谋复兴的。"牢记和践行为中国人民谋幸福、为中华民族谋复兴的初心使命，是贯穿我们党百年奋斗史的一条红线。

江山就是人民，人民就是江山，打江山、守江山守的就是人民的心。从"矢志努力于民族解放之事业"的李大钊到

★ 图为"绿化将军"张连印上山植树近照
★ 中央军委国防动员部供图　　来源：《求是》2022年第8期

"未惜头颅新故国，甘将热血沃中华"的赵一曼，从"不救民于苦难，要共产党人干啥"的谷文昌到"心中装着全体人民，唯独没有他自己"的焦裕禄，从"一个共产党员爱的最高境界是爱人民"的孔繁森到"投身到人民群众最需要的地方去"的黄文秀……一代代共产党员的脚步铿锵前行、从未停息，孺子牛的精神跨越时空、历久弥新，铸就了中国共产党人的鲜明标志和政治品格。

创新发展拓荒牛

百舸争流千帆竞，改革创新勇者先。在深圳市委大院门口，有一座"拓荒牛"青铜雕塑。没有经验可鉴，没有先例可循，在党中央的坚强领导下，深圳特区干部群众逢山开路、遇水架桥、大胆探索，处处展现着创新发展、攻坚克难的"牛劲"。

2021年10月16日零时23分，3名中国航天员翟志刚、王亚平和叶光富乘坐神舟十三号载人飞船驶向星海，开始为期半年的太空驻留。第十三艘神舟飞船飞向太空、航天员第八次飞出地球……这些次数递增的背后，体现的是中国载人航天工程从无到有、从弱到强走出了一条自主创新、自我超越的建设发展之路。北斗全球组网、"九章"横空出世、嫦娥五号探月取壤、"奋斗者"号勇闯深海、"太空剧"不断更新……在一项项"顶天立地"的科技创新重大成就中，皆有"筚路蓝缕辟海疆"的拼搏，皆有"敢教荒原成沃野"的开拓。

2021年2月25日，全国脱贫攻坚表彰大会在北京人民大会堂隆重举行。党中央、国务院决定，授予毛相林等10名同志、河北省塞罕坝机械林场等10个集体"全国脱贫攻坚楷模"荣誉称号，并一一颁授奖章、证书、奖牌。大会也为受表彰的全国脱贫攻坚先进个人和先进集体代表进行了颁奖。

★ 上图：2016年4月，黄诗燕（右一）在株洲市炎陵县大坑村开展精准扶贫工作调研　湖南省委宣传部供图

★ 下图：1999年9月，毛相林用钢钎撬大石，带领巫山县竹贤乡下庄村村民一寸寸凿开出山公路　重庆市委宣传部供图

★ 来源：《求是》2020年第24期

艰苦奋斗老黄牛

"块块荒田水和泥,深耕细作走东西。老牛亦解韶光贵,不待扬鞭自奋蹄。"著名诗人臧克家这首咏牛佳作,形象而又生动地描写了老黄牛的精神品格。老黄牛精神之所以被人讴歌,就在于它艰苦奋斗、吃苦耐劳的品质。在中国共产党人的精神谱系里,老黄牛形象正是艰苦奋斗精神的生动写照。

从小小红船到巍巍巨轮,百年大党之所以风华正茂,正是源自艰苦奋斗优良传统的不断传承,源自老黄牛精神的与时俱进,源自无数搏击者的实干为先、苦干为要、真干为本。战天斗地、治理风沙盐碱的"县委书记的好榜样"焦裕禄,"宁肯少活二十年,拼命也要拿下大油田"的王进喜,隐姓埋名

★ 图为 2020 年 12 月 1 日,张桂梅(中)在教室里检查学生上课情况
★ 新华社发 陈欣波/摄 来源:《求是》2021 年第 1 期

戈壁滩的"两弹一星"元勋们,"绿了青山、白了头发,清贫一辈子、奉献一辈子、奋斗一辈子"的杨善洲……一个个响亮的名字,闪耀的是几代人的壮志,映照着共产党人改天换地、攻坚克难的冲天豪情;大庆油田、红旗渠、"两弹一星"、三峡工程、青藏铁路、南水北调……一个个光辉的坐标,凝结的是无数人的艰苦奋斗。老黄牛精神不仅绘就了今日神州大地生机盎然的蓬勃景象,也锻炼了能负重、能担当的"肩膀",凝聚了战胜一切困难挑战的信心。

披荆斩棘,昂扬的是精神力量;击鼓催征,不变的是追梦步伐。回望百年路,我们党的每一步都闪耀着为民服务、无私奉献的孺子牛品质,每一步都激扬着创新发展、攻坚克难的拓荒牛豪情,每一步都挥洒着艰苦奋斗、吃苦耐劳的老黄牛汗水。展望新征程,我们更要继续大力发扬"三牛"精神,以一往无前的奋斗姿态和永不懈怠的精神状态,向着实现中华民族伟大复兴的光辉目标进发,在新的伟大征程上创造新的时代辉煌、铸就新的历史伟业!

科学家精神

"愿将此身长报国"

"祖国在向我们召唤,四万万五千万的父老兄弟在向我们召唤,五千年的光辉在向我们召唤,我们的人民政府在向我们召唤!回去吧!让我们回去把我们的血汗洒在祖国的土地上灌溉出灿烂的花朵。"

在中国共产党历史展览馆,一艘迎面驶来的轮船在船头舷下的突出位置绘着上面这段金色文字。这些话摘自"两弹一星"元勋朱光亚在1949年牵头组织起草的《给留美同学的一封公开信》。

这是一代科学家科学报国的心声,也是千千万万中国科

被誉为"中国天眼"的国家重大科技基础设施——500米口径球面射电望远镜（FAST）于2020年1月通过国家验收。

★ 中国科学院供图　来源：《求是》2021年第6期

学家家国情怀的写照。这艘轮船就是"克利夫兰总统号"，钱学森等24位留美学者就是在1955年9月搭乘它回到祖国的。

大桥挺立、高铁奔驰、蛟龙入海、神舟飞天……从高端装备到精密仪器，从重大工程到基础材料，从"两弹一星"元勋到载人航天研发团队，从黄旭华、彭士禄、袁隆平、屠呦呦到黄大年、南仁东、罗阳……在中华民族伟大复兴的征程上，一代又一代科学家心系祖国和人民，不畏艰难，无私奉献，为科学技术进步、人民生活改善、中华民族发展作出了重大贡献，在祖国大地上树立起一座座科技创新的丰碑，也铸就了独特的精神气质——科学家精神。

2019年5月，中共中央办公厅、国务院办公厅印发《关于进一步弘扬科学家精神加强作风和学风建设的意见》，要求大力弘扬胸怀祖国、服务人民的爱国精神，勇攀高峰、敢为人先的创新精神，追求真理、严谨治学的求实精神，淡泊名

钱学森是新中国科学精神的杰出代表，他一生爱党、爱国、爱人民，将自己毕生才华和智慧都献给了国家，为后人留下了宝贵的精神财富。

★ 图为中国航天事业的奠基人、人民科学家钱学森
★ 新华社发　来源：《求是》2019年第9期

利、潜心研究的奉献精神，集智攻关、团结协作的协同精神，甘为人梯、奖掖后学的育人精神。

这六个方面，构成了科学家精神的主要内涵，是中国科技工作者在长期实践中积累的宝贵精神财富，是中国共产党人精神谱系的重要组成部分。

2020年9月11日，习近平总书记在科学家座谈会上发表重要讲话指出，"科学家精神是科技工作者在长期科学实践中积累的宝贵精神财富"，强调"要大力弘扬科学家精神"。

2021年5月28日，在两院院士大会、中国科协第十次全国代表大会上，总书记再次强调，"新时代更需要继承发扬以国家民族命运为己任的爱国主义精神，更需要继续发扬以爱国主义为底色的科学家精神"。

2021年9月27日,在中央人才工作会议上,总书记把"坚持弘扬科学家精神"作为新时代人才工作新理念新战略新举措之一予以阐述。

当今世界正经历百年未有之大变局,我国发展面临的国内外环境不断地发生深刻复杂的变化,"十四五"时期以及更长时期的发展对加快科技创新提出了更为迫切的要求,我国经济社会发展和民生改善比过去任何时候都更加需要科学技术解决方案,都更加需要增强创新这个第一动力。

习近平总书记深刻指出:"立足新发展阶段、贯彻新发展理念、构建新发展格局、推动高质量发展,必须深入实施科教兴国战略、人才强国战略、创新驱动发展战略,完善国家创新体系,加快建设科技强国,实现高水平科技自立自强。"

"科学成就离不开精神支撑。"科技创新是智力活动,也

新冠疫情发生后,中国科研人员用了不到一周时间就确定了新冠病毒的全基因组序列,分离得到病毒毒株并向世界发布共享。

★ 图为科研人员在实验室进行病毒核酸提取
★ 军事医学研究院供图　来源:《求是》2020年第6期

开展青藏高原科学考察研究，揭示青藏高原环境变化机理，优化生态安全屏障体系，对推动青藏高原可持续发展、推进国家生态文明建设、促进全球生态环境保护将产生十分重要的影响。

★ 图为中国科学院青藏高原综合科学考察研究队在利用现代化高新技术装备开展科学考察工作

★ 中国科学院供图　　来源：《求是》2021年第6期

是精神活动；是攻坚克难的事业，也是默默无闻的事业。在创新创造这场寂寞的长跑中，需要"板凳一坐十年冷"的毅力、"为伊消得人憔悴"的境界、"不破楼兰终不还"的执着和"功成不必在我"的胸怀，没有精神的支撑是很难成功的。提升创新能力，实现更多"从0到1"的突破，必须不忘初心、牢记使命，大力弘扬科学家精神，坚持面向世界科技前沿、面向经济主战场、面向国家重大需求、面向人民生命健康，不断向科学技术的广度和深度进军。

科学充满未知，探索永无止境。在新的伟大征程上，大力弘扬科学家精神，把握大势、抢占先机，勇于创新、顽强拼搏，我国的广大科技工作者一定能够为建成世界科技强国、实现中华民族伟大复兴不断作出新的更大贡献！

企业家精神

> "胸怀家国、担当作为"

"市场活力来自于人,特别是来自于企业家,来自于企业家精神。"

1979年,美国《国家地理》杂志刊登了一张照片:一个身穿绿军装的中国小男孩站在长城上,一手插兜,一手举着红色罐装的可口可乐。2021年11月,这张被命名为《红色中国的第一罐可乐》的照片在社交媒体上再度火了起来。与它同时走红的还有一张照片:一对父子相依坐在沙发上,儿子手上拿着一瓶国产品牌饮料,父亲身边也放着一瓶国产品牌饮料,手中则举着一本《时间的力量:改革开放40年影像记》,封面正是40多年前他自己在长城上的那张举着可乐的照片。

★ 图为乡镇企业改革发展的先行者鲁冠球
★ 来源:《求是》2019年第10期

从"洋汽水"到国产饮料，国货的崛起见证了时代的变迁。"中国制造"、"中国速度"、"中国品牌"走进生活、走向世界的背后，是一代代企业家的守正与创新。

改革开放以来，一大批有胆识、勇创新的企业家茁壮成长，形成了具有鲜明时代特征、民族特色、世界水准的中国企业家队伍。广大企业家主动为国担当、为国分忧，顺应时代发展，勇于拼搏进取，为积累社会财富、创造就业岗位、促进经济社会发展、增强综合国力作出了重要贡献，在波澜壮阔的历史画卷中书写下企业家精神的华彩篇章。

1983年11月，新华社播发的长篇通讯《一个有独创精神的厂长——步鑫生》出现在中国各大报纸的头版。江苏省海盐衬衫总厂厂长步鑫生在企业生产经营、内部管理、劳动用工、分配制度等方面展开大刀阔斧的改革，他提出的"人无我有，人有我创，人赶我转"等口号广为流传，成为许多企业挂在厂内的标语和秉持的企业精神，成为那个时代改革创新的榜样。

改革开放之初，"步鑫生"们寻找的"出路"是破除桎梏、改革创新，实现生产力的极大解放。进入新时代，聆听着"科学技术是第一生产力"成长的新一代企业家，将技术创新铭刻在"中国创造"的崭新名片上。

——"十三五"期间全国高新技术企业数量大幅跃升，从7.6万家到27.5万家！

——2021中国企业500强研发投入规模节节攀升，研发强度创历史新高，突破1.3万亿元！

……

党的十八大以来，中央企业认真落实创新驱动发展战略，涌现出一大批具有世界先进水平的重大科技成果。

★ 图为中国航天科技集团研发的中国空间站核心舱模型在第十二届中国国际航空航天博览会（珠海）上展出（2018年11月6日摄）

★ 国务院国资委供图　代振莹／摄　　来源：《求是》2021年第2期

在抗击新冠疫情的过程中,国资国企闻令而动、勇挑重担,主动服务国家防疫大局,在党和人民最需要的时候挺身而出、不辱使命。

★ 图为 2020 年 1 月 26 日,中建三局施工人员在武汉火神山医院建设现场挑灯夜战,实行 24 小时不间断作业

★ 国务院国资委供图　邓红武/摄　来源:《求是》2021 年第 2 期

这一个个数字印证着中国企业的勃勃生机,彰显出创新的主体地位。千千万万企业创新源泉涌流不停,创造活力竞相迸发,汇聚成推动经济发展的澎湃动能。

"市场活力来自于人,特别是来自于企业家,来自于企业家精神。"党的十八大以来,习近平总书记高度重视企业家群体在国家发展中的重要作用,多次强调要弘扬企业家精神。

2020年7月,习近平总书记主持召开企业家座谈会,充分肯定企业家群体所展现出的精神风貌,明确要求企业家"要在爱国、创新、诚信、社会责任和国际视野等方面不断提升自己,努力成为新时代构建新发展格局、建设现代化经济体系、推动高质量发展的生力军"。2020年10月,总书记在广东考察时再次强调:"大家要深刻领会党中央战略意图,在构建新发展格局这个主战场中选准自己的定位,发扬企业家精神,推动企业发展更上一层楼,为国家作出更大贡献。"这些重要论述,丰富和拓展了企业家精神的时代内涵,为新形势下弘扬企业家精神提供了思想和行动指南。

面对2020年突如其来的新冠疫情,中国建筑等多家企业4万名建设者和几千台设备昼夜不歇,仅用10多天时间就火速建成火神山医院和雷神山医院;中国邮政、顺丰航空等企业调配779架次航班为武汉运输物资;石油石化、电网电力等国企疫情期间不停工,信息技术、装备制造等民企以"点"带"链"有序复工复产。

从全力抗疫到脱贫攻坚、全面建成小康社会,从支援灾后、震后重建到投身乡村振兴,企业家精神在大考中淬炼,家国情怀在磨砺中升华。

有多大的视野,就有多大的胸怀。拓展国际视野,是弘扬企业家精神的应有之义。中国车、中国路、中国桥、中国港闪耀世界,铸就大国名片;列车、卫星、水电站,服饰、家电、数码产品，海外处处都有中国造。

关山万千重，山高人为峰。当前，世界百年未有之大变局正加速演进，新一轮科技革命和产业变革带来的激烈竞争前所未有。面向未来，大力弘扬企业家精神，更好发挥企业家作用，形成更多具有全球竞争力的世界一流企业，就一定能为实现中华民族伟大复兴奠定更加坚实的物质基础，推动中国经济巨轮不断破浪前行！

探月精神

"**敢上九天揽月**"

"探索浩瀚宇宙,发展航天事业,建设航天强国,是我们不懈追求的航天梦。"

2020年12月17日凌晨1:59,内蒙古四子王旗白雪皑皑。历经23天的太空之旅,嫦娥五号返回器如流星般划破天际,携带着月球岩石和土壤样品安全抵达着陆场。

这是人类时隔40多年后再次完成从月球采样返回的壮举,创造了5项"中国首次":地外天体的采样与封装,地外天体的起飞,月球轨道交会对接,携带样品高速地球再入,样品的存储、分析和研究。嫦娥五号任务的圆满成功,标志着我国探月工程"绕、落、回"三步走的规划顺利收官。

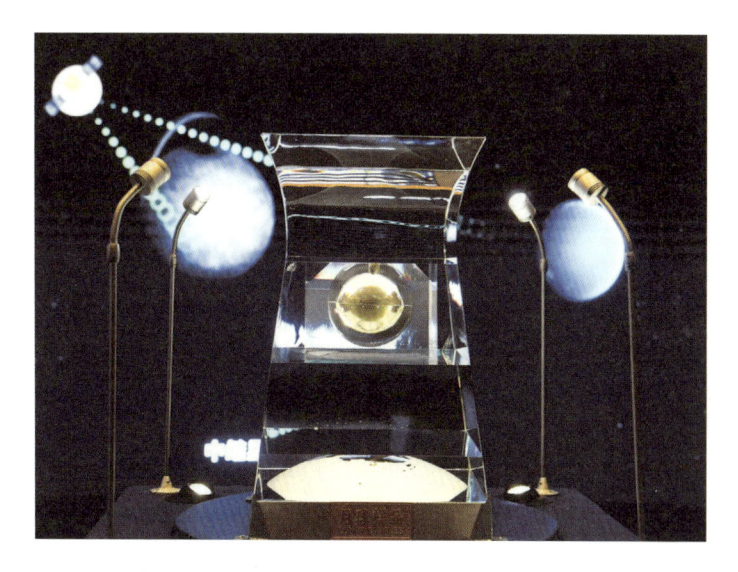

2020年12月17日，嫦娥五号返回器携带月球样品安全着陆，中国探月工程"绕、落、回"三步走规划如期完成，首次实现我国地外天体采样返回。

★ 图为陈列在中国国家博物馆的月球样品001号（2021年2月27日摄）
★ 新华社记者 金良快/摄　来源：《求是》2021年第6期

这是发挥新型举国体制优势攻坚克难取得的又一重大成就，是航天强国建设征程中的重要里程碑，对中国航天事业的发展具有十分重要的意义。

嫦娥五号返回当天，习近平总书记向探月工程任务指挥部和参加嫦娥五号任务的全体同志发去贺电指出："人类探索太空的步伐永无止境。希望你们大力弘扬追逐梦想、勇于探索、协同攻坚、合作共赢的探月精神，一步一个脚印开启星际探测新征程，为建设航天强国、实现中华民族伟大复兴再立新功，为人类和平利用太空、推动构建人类命运共同体作出更大的开拓性贡献！"

2019年1月3日，嫦娥四号成功落月的那一刻，74岁的中国航天科技集团五院深空探测和空间科学首席科学家、嫦娥一号卫星总设计师叶培建院士（左一）静静走到嫦娥四号探测器项目执行总监张熇的身后，对她表示祝贺和鼓励。两代"嫦娥人"的手紧紧握在了一起。

★ 新华社记者　金立旺/摄　　来源：《求是》2020年第3期

2021年2月，在会见探月工程嫦娥五号任务参研参试人员代表并参观月球样品和探月工程成果展览时，习近平总书记再次强调："要弘扬探月精神，发挥新型举国体制优势，勇攀科技高峰，服务国家发展大局，一步一个脚印开启星际探测新征程，不断推进中国航天事业创新发展，为人类和平利用太空作出新的更大贡献。"

伟大精神源于伟大实践。千百年来，皎皎明月寄托了中华民族无尽的想象与情感。因此，探月工程有一个诗意的名字——嫦娥，它象征着航天人将神话变为现实的美好梦想。作为中国首次开展的对地球以外天体的直接探测，探月工程规模宏大、系统复杂、高度集成，是世界科技领域的前沿项目。

党的十八大以来，我国调动全社会科技创新力量，基础研究和关键核心技术攻关不断取得新突破，载人航天、北斗工程、探月工程等一系列重大工程科技成就捷报频传。

★ 图为2016年6月22日，在海南文昌航天发射场，承载着长征七号运载火箭与搭载载荷组合体的活动发射平台驶出垂直总装测试厂房

★ 中国航天科技集团有限公司供图　宿东／摄　来源：《求是》2021年第6期

2004年，探月工程正式立项；2007年，嫦娥一号绕月探测成功；2010年，嫦娥二号获得当时国际最高7米分辨率全月影像图；2013年，嫦娥三号成功落月并开展月面巡视勘察，实现我国首次对地外天体的软着陆直接探测；2014年，再入返回飞行试验任务圆满成功，突破和掌握了航天器以接近第二宇宙速度再入返回关键技术；2019年，嫦娥四号实现了人类航天器首次在月球背面软着陆和巡视探测、首次月球背面与地球的中继通信；2020年，嫦娥五号首次实现我国地外天体采样返回。

从绕月拍摄到飞跃探测，从月背着陆到落月采样，探月工程六战六捷、连战连捷，实现了从"跟跑"到"并跑"，再到部分"领跑"的扎实进步。这一非凡成就，凝结的是几代航天人的智慧和心血，依托的是我们国家的综合实力，汇聚的是中国人民的整体力量。

"心至苍穹外，目尽星河远。"探月精神，扎根于探月工程十七载的奋斗实践，是中国航天人和无数科研工作者自立自强、勇攀科技高峰所铸就的伟大精神。从嫦娥一号到嫦娥五号，随着探月工程的深入实施，探月精神的内涵逐渐丰富，不仅成为工程不断推进的强大精神动力和不断成功的制胜密码，还拓展了新时代航天精神的内涵，丰富了中华民族的精神家园，为航天梦、中国梦汇聚了磅礴的精神力量。

伟大精神引领伟大事业。探月工程的每一个大胆设想、每一次成功实施，无不凝聚着科研人员的艰辛付出，无不闪耀着中国航天人勇往直前的精神光芒。探月工程立项以来，中国航天人坚持追逐梦想，面对困难不退缩、面对挫折不放弃，体现着努力建设航天强国、世界科技强国的担当；坚持勇于探索，敢下先手棋、善打主动仗，显现着自强不息、锐意创新的追求；坚持协同攻坚，全力保成功，大力协同、密切配合，万

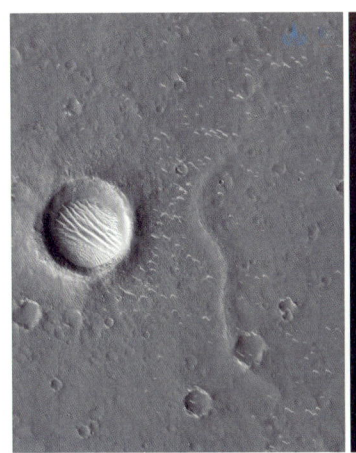

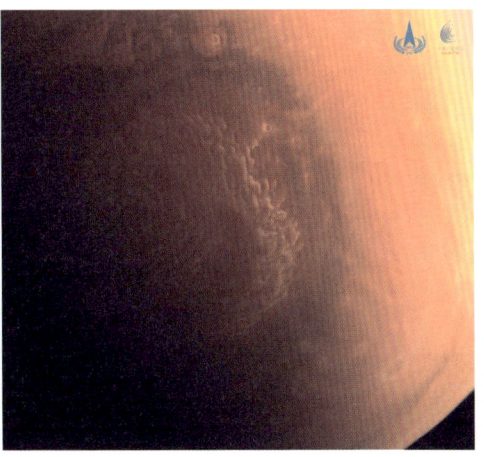

2021年3月4日，国家航天局发布了我国首次火星探测任务"天问一号"探测器拍摄的高清火星影像图。

★ 左图：由高分辨率相机在距离火星表面约330千米至350千米高度拍摄的一幅全色图像，分辨率约0.7米，成像区域内火星表面小型环形坑、山脊、沙丘等地貌清晰可见

★ 右图：由中分辨率相机拍摄的一幅火星北极区域彩色图像

★ 新华社发　国家航天局供图　　来源：《求是》2021年第6期

众一心铺就地月虹桥，树立了协同创新、勠力攻关的典范；坚持合作共赢，与多个国家和国际组织在深空探测领域开展广泛深入的国际交流合作，彰显了互利互惠、共同发展的胸怀。

天高地迥，探索浩瀚宇宙是人类的共同梦想；宇宙无穷，探索也将永无止境。从月球、火星再到更遥远的行星际穿越，中国航天正在一步一个脚印地开启星际探测新征程。

今天，在比月球更遥远的"红色星球"——火星，天问一号和祝融号正争分夺秒地开展探测工作，不断标注着中国深空探测的新高度。天问一号圆满成功之后，我国还将实施小行星探测、火星取样返回、木星系及行星际穿越等探测任务，同时将开展太阳系边际探测实施方案论证和小行星防御的论证工作。

"探索浩瀚宇宙，发展航天事业，建设航天强国，是我们不懈追求的航天梦。"大力弘扬和践行探月精神，中国航天人必将在新起点上再立新功，不断推进中国航天事业创新发展，实现高水平科技自立自强，为人类和平利用太空作出新的更大贡献。

新时代北斗精神

" **为时空定位、为梦想导航** "

2020年6月23日9时43分，西昌卫星发射中心，长征三号乙运载火箭成功发射北斗三号最后一颗全球组网卫星。

发射约30分钟后，这颗卫星顺利进入预定轨道，从而在太空搭建起由3颗地球静止轨道卫星、3颗倾斜地球同步轨道卫星和24颗中圆轨道卫星组成的北斗三号全球卫星导航系统星座。至此，北斗三号全球卫星导航系统星座部署比原计划提前半年全面完成。

2020年7月31日，北斗三号全球卫星导航系统建成暨开通仪式在北京举行。习近平总书记出席仪式，宣布北斗三号全球卫星导航系统正式开通。这标志着我国建成独立自主、开放兼容的全球卫星导航系统，成为世界上第三个独立拥有全球卫星导航系统的国家。

从1994年立项到2000年完成北斗一号系统建设，再从2012年完成北斗二号系统建设到2020年北斗三号全球卫星导航系统全面建成并开通服务，26年间，中国北斗人始终秉承航天报国、科技强国的使命情怀，探索出一条从无到有、

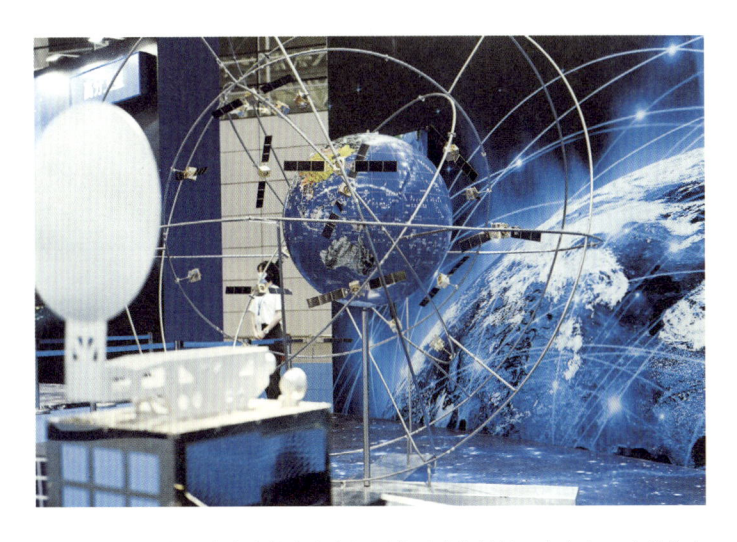

新中国成立以来，党中央始终牢牢把握我国科技创新正确方向，在科技事业发展的每一个关键节点都作出了重大战略部署。2020年6月，我国北斗导航卫星全球组网成功，标志着我国卫星导航系统达到国际先进水平，朝着服务全球的目标全速推进。2020年9月18日，"航天放飞中国梦"航天科普展暨中国航天成就展在福州举行。

★ 图为在福州展出的北斗卫星导航系统模型
★ 新华社记者　林善传/摄　来源:《求是》2021年第6期

\ 新时代北斗精神 /　　333

2020年6月23日，我国北斗三号全球卫星导航系统最后一颗组网卫星成功发射，标志着北斗三号全球卫星导航系统星座部署比原计划提前半年全面完成。

★ 新华社记者　江宏景／摄　　来源：《求是》2020年第16期

从有到优、从有源到无源、从区域到全球的中国特色发展道路，奏响了一曲大联合、大团结、大协作的交响曲，孕育了"自主创新、开放融合、万众一心、追求卓越"的新时代北斗精神。

在参观北斗系统建设发展成果展览展示时，习近平总书记语重心长地指出："26年来，参与北斗系统研制建设的全体人员迎难而上、敢打硬仗、接续奋斗，发扬'两弹一星'精神，培育了新时代北斗精神，要传承好、弘扬好。"新时代北斗精神，是中国航天人在建设科技强国征程上树起的又一座精神丰碑，是与"两弹一星"精神、载人航天精神既血脉赓续，又具有鲜明时代特质的宝贵精神财富。

"永远不能把登山的保险绳交到别人手里。"从北斗一号系统开始，自力更生、自主创新就是中国北斗的核心价值。原子钟高精度的时间基准技术直接决定着系统导航定位精度，

2020年5月26日，在河南省邓州市小杨营镇安众村，加装有北斗导航系统的拖拉机在无人驾驶状态下播种。

★ 新华社记者 冯大鹏/摄 来源：《求是》2021年第2期

北斗人给自己定下了一个目标：原子钟的误差只允许3乘10的负13次方，也就是约100万年才差1秒。上百名科研人员孜孜以求，仅用两年时间就达到了这一目标。不仅如此，现在用在北斗系统上的原子钟，已提升到每300万年才会出现1秒误差的精度，完全满足了我国的定位精度要求和卫星的使用寿命。抱着核心关键技术必须要突破，不能受制于人的信念，广大科技人员自力更生，攻克160余项关键核心技术，实现核心器部件百分之百国产化，首创全星座星间链路支持自主运行，创造出两年半时间高密度发射18箭30星的世界导航卫星组网奇迹，展现出矢志自主创新的志气骨气。

中国北斗，导航世界。习近平总书记指出："中国愿同各国共享北斗系统建设发展成果，共促全球卫星导航事业蓬勃发展。"从北斗一号服务我国及周边地区到北斗二号服务亚太地区，再到北斗三号服务全球，中国北斗始终立足中国、放眼世界，让中国的北斗成为世界的北斗，相关产品出口120余个国家和地区，全球总用户数超20亿，书写着开放融合的生动篇章。

北斗系统按期成功建成，是中国特色社会主义集中力量办大事制度优势的具体体现，也是全体北斗人万众一心、精诚合作、协作奉献的具体体现。北斗系统由卫星、火箭、发射场、测控、运控、星间链路、应用验证七大系统组成。为了同一个梦想，400多家单位、30余万名科研人员聚力攻关，两位"两弹一星"元勋和几十名院士领衔出征，1.4万余家企业、超过50万人从事系统应用推广，大家众志成城，共同谱写出"举国上下一盘棋、千军万马大会战"的动人篇章。

北斗系统已成为中国迄今为止规模最大、覆盖范围最广、服务性能最高、与人民生活关联最紧密的巨型复杂航天系统。北斗系统工程技术卓越、运行服务卓越、工程实施管理卓越，

2021年5月27日，第十二届中国卫星导航成就博览会上，技术人员向嘉宾们展示装有北斗导航的无人机。

★ 求是图片　马悦 / 摄

体现了北斗人对"一流的北斗"的不懈追求。有问题就绝不忽视，1纳秒再短也不放过，北斗团队的精益求精、严慎细实，为北斗三号任务的全面成功加了一道"保险杠"。全球范围定位精度优于10米、测速精度优于0.2米/秒、授时精度优于20纳秒，这些不断提升的精度，映照着北斗人追求卓越的不懈努力。

如今，颗颗北斗卫星环绕地球，成为夜空中最亮的"星"。新征程上，我们要大力弘扬新时代北斗精神，砥砺前行、勇攀高峰，不断书写探索浩瀚星空、建设科技强国的新篇章。

丝路精神

> "人类文明的宝贵遗产"

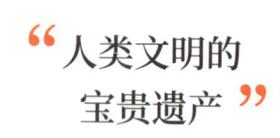

大漠孤烟，长河落日；驼铃声声，马嘶阵阵。

从张骞出使西域完成"凿空之旅"到郑和七次远洋航海留下千古佳话，我们的先辈筚路蓝缕，穿越草原沙漠，开辟出连通亚欧非的陆上丝绸之路；扬帆远航，穿越惊涛骇浪，闯荡出连接东西方的海上丝绸之路。

古丝绸之路见证了陆上"使者相望于道，商旅不绝于途"的盛况，也见证了海上"舶交海中，不知其数"的繁华。这条路促进了亚欧大陆各国互联互通，推动了东西方文明交流互鉴。

敦煌是河西走廊诸绿洲中为戈壁环绕的最小绿洲。适宜的自然和文化生态环境，不仅使敦煌成为一千余年各朝开窟不辍、历代造像迭新的特殊佛教圣地，更使其以遗存的大量中古文书及其他各类文物成为著名的人类文化遗产。

★ 图为敦煌莫高窟九层楼全景
★ 敦煌研究院供图　吴健/摄　来源：《求是》2020年第4期

2013年9月，在哈萨克斯坦纳扎尔巴耶夫大学，习近平总书记鉴往知来，向世界发出共建丝绸之路经济带的真诚邀约："为了使我们欧亚各国经济联系更加紧密、相互合作更加深入、发展空间更加广阔，我们可以用创新的合作模式，共同建设'丝绸之路经济带'。这是一项造福沿途各国人民的大事业。"

2013年10月，在明代航海家郑和下西洋曾经到访过的印尼群岛，习近平总书记向世界勾勒了共建21世纪海上丝绸之路的宏伟蓝图。

"丝绸之路经济带"和"21世纪海上丝绸之路"的重大倡议，顺应和平、发展、合作、共赢的时代潮流，赋予了古

\丝路精神/　341

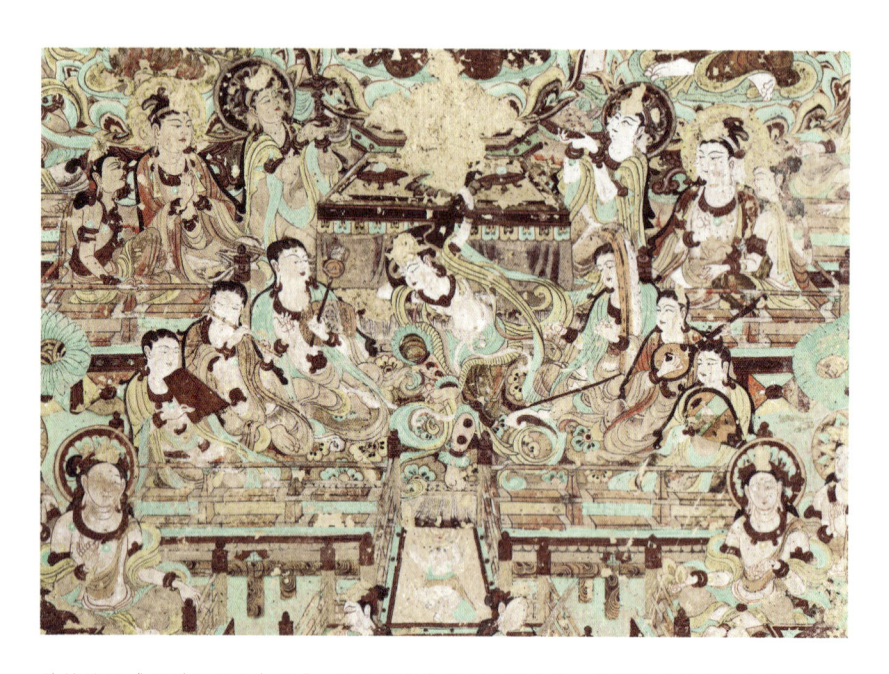

敦煌壁画《反弹琵琶乐舞图》,位于莫高窟第112窟南壁。这幅壁画是多元文化交流融合的艺术结晶,鲜明体现了中华文明海纳百川、开放包容的广阔胸襟。

★ 敦煌研究院供图　来源:《求是》2020年第3期

丝绸之路以全新的时代内涵，开启了共建"一带一路"的伟大实践。

2017年5月14日，在首届"一带一路"国际合作高峰论坛开幕式上的主旨演讲中，习近平总书记指出："古丝绸之路绵亘万里，延续千年，积淀了以和平合作、开放包容、互学互鉴、互利共赢为核心的丝路精神。这是人类文明的宝贵遗产。"

丝路精神薪火相传，在共建"一带一路"的实践中不断发扬光大，注入了新的时代内涵。2021年12月3日，随着"澜沧号"和"复兴号"动车组列车从万象站和昆明站分别驶出，中老铁路正式全线开通运营。作为高质量共建"一带一路"的标杆项目之一，中老铁路将万象到中老边境的旅行时间

中国和平发展基金会援建的中柬"丝路之友"幸福泉已于2019年6月投入使用，帮助解决当地民众的吃水、用水困难。

★ 中联部供图　来源：《求是》2019年第16期

从2天缩短到3小时,更让老挝"变陆锁国为陆联国"的梦想成为现实。以共建"一带一路"为平台,中国积极推进一大批关系共建"一带一路"国家经济发展、民生改善的合作项目,建设和平之路、繁荣之路、开放之路、绿色之路、创新之路、文明之路。在坚持和平合作的前提下,在相互尊重、平等互利的基础上,中国积极发展同各国的友好合作关系,"一带一路"已经成为当今世界深受欢迎的国际公共产品和国际合作平台。

2021年11月10日,第四届中国国际进口博览会在上海圆满落下帷幕。本届进博会共有50个"一带一路"沿线国家、600多家企业参展,"一带一路"沿线国家收获了大量订单,合作进一步深化。

2021年4月,习近平总书记在博鳌亚洲论坛2021年年会开幕式上的视频主旨演讲中强调,我们将本着开放包容精神,同愿意参与的各相关方共同努力,把"一带一路"建成"减贫之路"、"增长之路",为人类走向共同繁荣作出积极贡献。

如今,中国已是120多个国家和地区的最大贸易伙伴。中国不断扩大开放,激活了中国发展的澎湃春潮,也激活了世界经济的一池春水。世界银行研究报告显示,共建"一带一路"将促进参与国贸易增长2.8%至9.7%、全球贸易增长1.7%至6.2%、全球收入增加0.7%至2.9%。联合国秘书长古特雷斯表示,"一带一路"倡议体现了中国在世界上独具一格的长远战略眼光,再次证明中国是开放和多边主义的强有力支柱。

2021年5月,2021"一带一路"年度汉字揭晓,"互"字拔得头筹。"五色交辉,相得益彰;八音合奏,终和且平。"互,即互联互通、互学互鉴,以文明交流超越文明隔阂、文明互鉴超越文明冲突、文明共存超越文明优越,共建"一带一路"国家,弘扬丝路精神,在科学、教育、文化、卫生、民间交往等各领域广泛开展合作,推动各国相互理解、相互尊重、相互信任。

中老友好农冰村小学于2012年由中国援建,此后中方连续派遣志愿教师开展教学,并提供教育物资,成为中老友好的示范项目。

★ 上图:2019年3月15日,学生们坐在老挝万象中老友好农冰村小学的教室里　新华社记者 章建华/摄

★ 下图:该校学生的画作《祝愿"一带一路"沿线的国家和平友好,共同发展》　中联部供图

★ 来源:《求是》2019年第16期

2020年以来，受全球新冠疫情影响，国际海运一度"一箱难求"、"一舱难求"，中欧班列和中欧道路运输的仓位成为货运市场上的抢手货，不仅成为稳定全球供应的"钢铁驼队"，更是各国携手抗疫的"生命通道"和"命运纽带"。在丝路精神指引下，"一带一路"的国际影响力、合作吸引力不断释放，"朋友圈"越来越大，合作质量越来越高，发展前景越来越好。截至2021年底，中国已与145个国家和32个国际组织签署了200多份共建"一带一路"合作文件，与"一带一路"合作伙伴货物贸易额累计超过10万亿美元，中国企业对共建"一带一路"国家直接投资累计超过1300亿美元。

丝路精神穿越千年，绽放出梦想的光芒。站在新历史起点上的中国，将与世界各国一起，在迈向高质量发展的新征程上，共享发展机遇、共创美好未来。